C.H.BECK WISSEN

Frankreich wirkt heute wie das Paradebeispiel eines Einheitsstaates. Tatsächlich aber ist seine Geschichte durch große Diversität gekennzeichnet: geographisch-klimatisch reicht das französische Territorium von den südlichen Mittelmeerregionen über die Alpen bis hin zu den Ebenen des Nordens und dem Atlantik. Auch sprachlich-kulturell ist Frankreich historisch vielfältiger, als es scheint, vom Bretonischen, über das Flämische und Baskische bis zur Sprache des Südens, der langue d'oc. Und politisch wirkt Frankreich wie ein Experimentierfeld für politische Ordnungsmodelle, vom absoluten Königtum über die konstitutionelle Monarchie und die caesaristische Alleinherrschaft bis zur egalitären Republik. Zudem fand die Geschichte Frankreichs nicht nur innerhalb seiner heutigen Grenzen statt. Eine französische Geschichte muss also nationale, europäische und globale Geschichte zugleich sein. Daher stellt diese Kurzdarstellung zwei Leitmotive in den Mittelpunkt, die sich im Laufe der Geschichte mal befruchteten und mal widersprachen: das Streben nach Einheit und den Willen zur Expansion.

Matthias Waechter leitet das europäische Hochschulinstitut CIFE (Centre international de formation européenne) in Nizza. Bei C.H.Beck ist von ihm erschienen *Geschichte Frankreichs im 20. Jahrhundert* (2019).

Matthias Waechter

GESCHICHTE FRANKREICHS

C.H.Beck

Originalausgabe

www.chbeck.de
Satz: C.H.Beck.Media.Solutions, Nördlingen
Druck und Bindung: Druckerei C.H.Beck, Nördlingen
Reihengestaltung Umschlag: Uwe Göbel (Original 1995, mit Logo), Marion Blomeyer (Überarbeitung 2018)
Umschlagabbildung: Aussicht vom Pantheon, Paris

Printed in Germany
ISBN 978 3 406 80046 7

myclimate

klimaneutral produziert
www.chbeck.de/nachhaltig

Inhalt

I. Die Frage des Beginns

«Einst hieß Frankreich Gallien, und seine Einwohner nannten sich die Gallier» – so lernten es Generationen von Kindern aus den Schulbüchern der französischen Republik. So sollte das Bewusstsein geweckt werden, dass das moderne Frankreich und seine Bürger in einer über tausendjährigen Tradition stünden: aus Stämmen hervorgegangen, die um 50 vor Christus durch die Römer unterworfen wurden. Besonders seltsam muss der Hinweis auf ihre gallischen Ursprünge damals Schülern in Frankreichs Kolonien angemutet haben, die zumeist keine europäischen Vorfahren hatten. Die Frage nach dem Beginn der französischen Geschichte hatte stets offenkundig politische Dimensionen: Die Gallier verkörperten in diesem Geschichtsbild eine Idealvorstellung von der französischen Identität: freiheitsliebend, leidenschaftlich, individualistisch und gleichzeitig fähig zum kollektiven Handeln. Denn sie hatten, so wurde es dargestellt, aus verschiedenen Stämmen eine Nation mit gemeinsamer Sprache und Kultur geformt, die sich erfolgreich gegen ihre germanischen Nachbarn im Osten gewehrt hatte und erst nach hartnäckigem Widerstand die römische Eroberung akzeptierte. Aus einer solchen politisch aufgeladenen Perspektive bedeutete dies einen Aufstieg, da die Gallier sich mit ihren kultivierten Eroberern zu einer neuen, «gallo-römischen» Zivilisation verschmolzen hatten und so den historischen Fortschritt vorantrieben.

Während in den Zeiten der Dritten Republik (1870–1940) die gallischen Vorfahren der Franzosen Konjunktur hatten, war die Geschichte in den vorangegangenen Jahrhunderten anders erzählt worden. So wollte es eine mittelalterliche Legende, dass Frankreich von den Trojanern, genauer von einem Sohn Hektors namens Francion (oder Francus), begründet worden war. Auf diese Weise nahm man sich die «Aeneis» Vergils zum Vorbild, die das antike Rom als eine Gründung der Trojaner gefeiert hatte. Frankreich sollte so wie ein Pendant des römischen Weltreichs erscheinen.

Ab dem 17. Jahrhundert rückte dann wiederum eine andere Ursprungserzählung in den Mittelpunkt: Als Ausgangspunkt Frankreichs galt nun die Eroberung Galliens durch die Franken unter Führung Chlodwigs an der Wende zum 6. Jahrhundert. Mit Chlodwig und den Franken, so betonte diese Geschichtsdeutung, war eine neue Führungselite ins Land gekommen, aus der nicht nur die Königsdynastie der Kapetinger, sondern auch die großen Adelsfamilien hervorgehen sollten. Eine zentrale Rolle spielte hier das Christentum, weil Chlodwig sich zusammen mit 3000 seiner Krieger vom Bischof von Reims hatte taufen lassen, womit die französische Nation zur «ältesten Tochter der Kirche» aufgestiegen sei. Auch konnte Chlodwig als der Gründer des politisch-kulturellen Zentrums des Landes angesehen werden, hatte er doch Paris zur Hauptstadt seines Reiches gemacht, wo er auf dem Hügel des heutigen Pantheons begraben wurde. Nach Auffassung zahlreicher Autoren des 17.–19. Jahrhunderts entstand mit der Eroberung Chlodwigs ein andauernder, die französische Geschichte prägender sozialer Gegensatz zwischen Franken und Galliern. Die Ersteren schwangen sich zur landbesitzenden Aristokratie auf, während die Letzteren die breiten Volksmassen bildeten. Aus dieser Perspektive erschien die Französische Revolution wie ein weiteres Kapitel im Konflikt zwischen Franken und Galliern, in dem Letztere die alte Führungsschicht entmachteten und den Monarchen entthronten.

Eine weitere, sehr verbreitete Ursprungserzählung setzt schließlich den Beginn der französischen Geschichte mit dem Jahre 987 an, als sich der fränkische Herzog Hugo Capet zum «Roi des Francs» krönen ließ. Er beendete damit die Herrschaft der Karolinger, die nach dem Zerfall des Reiches Karls des Großen das westfränkische Reich, also einen Teil des heutigen Frankreichs, regiert hatten. Hugo brachte mit den Kapetingern eine Dynastie an die Macht, deren Angehörige bis 1792 ununterbrochen die französische Krone tragen sollten. Nach dem Intermezzo der Revolution und des napoleonischen Empire bestieg 1814 erneut ein ferner Nachfahre Hugo Capets den Thron, bis 1848 das Königtum ein für alle Male abgeschafft wurde. Die auf ihn verweisende Ursprungsgeschichte betont also die Gründung politischer Macht und ihre außergewöhnlich kontinuierliche Ausübung durch eine Herrscherfamilie.

An diesen Beispielen wird sichtbar, dass die Frage nach dem Beginn der französischen Geschichte zugleich auch die grundsätzliche Überlegung aufwirft, was man eigentlich betrachtet: Denn wer mit dem Herrschaftsantritt der Kapetinger-Dynastie beginnt, stellt die Geschichte staatlicher Herrschaft ins Zentrum. Die Berufung auf die Gallier hingegen betonte die über zweitausendjährige Kontinuität eines Volkes, während mit Chlodwigs Eroberung, Konversion und Taufe die Werte und Traditionen Frankreichs als tief im Christentum verwurzeltes Land im Vordergrund stehen.

Einen ganz anderen Zugang wählte der bedeutende Historiker Fernand Braudel, der nicht ein historisches Schlüsselereignis, sondern das Territorium Frankreichs in seinen gegenwärtigen Grenzen zum Ausgangspunkt seiner Darstellung machte und dessen Geschichte bis in fernste Vorzeiten zurückverfolgte, um tief verwurzelte Prägungen freizulegen. Für Braudel waren Dynastien, Herrscher und politische Ereignisse eher unerheblich, denn die fundamentalen historischen Tendenzen entstanden für ihn aus den geographischen Gegebenheiten und den entsprechenden Lebens- und Erwerbsformen.

Aber auch der Ansatz Braudels wirkt zu zielgerichtet, erweckt er doch den Eindruck, als wäre das heutige Territorium für Frankreich sozusagen vorherbestimmt gewesen. Auch ist dieser Zugang nicht umfassend genug, fand doch die Geschichte Frankreichs nicht nur innerhalb seiner heutigen Grenzen statt. Der Einfluss des Landes ging stets darüber hinaus, sei es durch seine zeitweiligen kontinentalen Eroberungen, seine Überseeexpansion oder seine politische Ausstrahlung. Man denke nur an Flandern, Katalonien, die Pfalz oder das linke Rheinufer, die zu verschiedenen Momenten Frankreich angehörten und dadurch nachhaltig geprägt wurden. Auch beschränkt sich die Geschichte Frankreichs nicht auf den europäischen Kontinent:

Denn wenn wir uns um ein Jahrhundert zurückversetzen, galten damals Algier, Dakar und Hanoi mit gleichem Recht als französische Städte wie Lyon und Paris.

Eine französische Geschichte muss also nationale, europäische und globale Geschichte zugleich sein; sie muss weit in die Vergangenheit zurückreichen, ohne jedoch zu suggerieren, dass die Entwicklung des Landes zielgerichtet auf eine bestimmte politische Gestalt zulief. Angesichts solcher Herausforderungen schlägt diese Kurzdarstellung der französischen Geschichte einen neuen Ansatz vor, der zwei Leitmotive der Entwicklung Frankreichs in den Mittelpunkt stellt: Einheit und Expansion.

II. Leitmotive der französischen Geschichte

Die Diversität Frankreichs erschließt sich jedem Betrachter unmittelbar, ist es doch Teil der mediterranen Zivilisation, öffnet sich gleichzeitig zum Atlantik und zu Nordeuropa, umfasst die höchsten Gipfel der Alpen wie der Pyrenäen, besitzt mit Paris die größte Metropole des europäischen Kontinents ebenso wie isolierte Landflecken, in denen die Zeit stehen geblieben zu sein scheint. Mit der geographischen Vielfalt geht eine große sprachlich-kulturelle Diversität einher: Denn in Frankreich wurde und wird neben der Landessprache auch Bretonisch, Baskisch, Flämisch, Elsässisch, Katalanisch und Korsisch gesprochen, um nur einige der vielen Regionalsprachen zu nennen. Auch in seiner politischen Geschichte wirkt Frankreich wie ein Experimentierfeld der verschiedensten Ordnungsmodelle: Vom feudalen zum absoluten Königtum, von der konstitutionellen Monarchie zur caesaristischen Alleinherrschaft, von der egalitären Republik zur höchst ungleichen Kolonialherrschaft hat Frankreich eine verwirrende Vielfalt von politischen Systemen erprobt. Spiegelbildlich dazu war das Land stets ein Laboratorium politischer Ideen, aus dem so unterschiedliche Konzepte wie der Absolutismus, die Volkssouveränität, die Gewaltenteilung, die Terrorherrschaft, der Laizismus bis hin zur supranationalen europäischen Einigung hervorgegangen sind.

Die staatlichen Autoritäten sind dieser ausgeprägten Diversität stets mit einem Streben nach *Einheit* begegnet, das sich wie ein Leitmotiv durch die französische Geschichte zieht. Es ging im Mittelalter zunächst von einem Königtum aus, das seinen Herrschaftsbereich auszudehnen, zu stabilisieren und konkurrierende Akteur auszuschalten suchte. Das Streben nach religiöser Einheit charakterisierte das Zeitalter der Reformation, das von jahrzehntelangen Bürgerkriegen gekennzeichnet war. Es prägte auch die Periode des absoluten Königtums mit seinem Willen, regionale und lokale Zwischengewalten zugunsten der monarchischen Herrschaft zurückzudrängen. Ebenso kam in der Französischen Revolution das Bedürfnis nach Einheit zum Ausdruck, wenn ihre Protagonisten rigoros gegen Opponenten vorgingen und unter den Bürgern eine einheitliche politische Gesinnung durchsetzen wollten. Das napoleonische Kaiserreich bildete von dieser Tendenz keine Ausnahme; vielmehr verstand es die Durchsetzung eines einheitlichen Rechtssystems und einer alle Landesteile erfassenden Staatsgewalt als Zeichen des Fortschritts. Auch die Dritte Republik verfolgte den Einheitsgedanken, indem sie die obligatorische laizistische Schule als Instanz zur Erziehung loyaler Staatsbürger, aber auch zur Verbreitung einer einheitlichen Landessprache durchsetzte. Die «Union sacrée» zu Beginn des Ersten Weltkriegs, das Verstummen aller politischen Differenzen angesichts der deutschen Bedrohung, wirkt wie ein letzter Höhepunkt nationaler Einmütigkeit. Seitdem haben die Konflikte des 20. Jahrhunderts die Einheit des Landes immer mehr wie ein verloren gegangenes Ideal erscheinen lassen; insbesondere, als die deutsche Besatzung 1940 bis 1945 zu einer tiefen Verfeindung innerhalb der Bevölkerung führte. In der Fünften Republik schließlich gelang es dem mit umfassenden Kompetenzen ausgestatteten Präsidenten immer weniger, die ihm zugewiesene Rolle des Garanten nationaler Einheit auszufüllen.

Die *Expansion* erscheint als ein zweites, die Jahrhunderte durchlaufendes Grundmotiv der französischen Geschichte. Träger der Expansion war zunächst das kapetingische Königtum, das seinen Herrschaftsbereich, ausgehend von seiner «Domaine royal», zu erweitern suchte: durch Annexion, Heirat und Krieg. Ab dem 16. Jahrhundert trat die Ausweitung in eine neue Phase, als Frankreich zu einer Überseemacht und Rivale Englands in der Neuen Welt wurde. Ebenso erreichte das kontinentale Expansionsstreben mit der praktisch permanenten Kriegsführung der Monarchen einen vorläufigen Höhepunkt. Dabei ging es einerseits darum, die angeblich «natürlichen Grenzen» des Landes abzusichern; andererseits darum, das Land als Hegemonialmacht zu etablieren. Im Zuge der Französischen Revolution erfolgte das Ausdehnungsstreben unter neuen Vorzeichen, denn nun wurde die Verbreitung der fortschrittlichen, freiheitlichen und egalitären Ideen als Ziel proklamiert. Mit seinem Streben nach einem universalen Imperium trieb Napoléon den Expansionismus auf die Spitze und verschaffte Frankreich eine umfassende, aber kurzlebige kontinentale Vorherrschaft. In den letzten Jahrzehnten des 19. Jahrhunderts galt die Priorität der Übersee-Expansion, die Frankreich das zweitgrößte Kolonialreich der Welt sicherte. In der zweiten Hälfte des 20. Jahrhunderts sah sich Frankreich mit der Kehrseite des einstigen Expansionsstrebens konfrontiert, ging es doch nun darum, sich gegenüber dem Unabhängigkeitsstreben der Kolonisierten zu positionieren. Die Auflösung des Empire war ein gewaltsamer, schmerzhafter Prozess, der traumatische Erfahrungen und Blessuren zurückließ. Obwohl Frankreich seitdem – mit Ausnahme seiner verbliebenen Überseeterritorien – auf das kontinentale «Hexagon» begrenzt ist, hat es sich eine globale, besonders kulturelle Ausstrahlung bewahrt, die nicht zuletzt auf der Verbreitung seiner Sprache beruht.

Die Ziele von Einheit und Expansion konnten in der französischen Geschichte zeitweise komplementär sein. Denn die zur Expansion notwendige Kriegsführung erforderte und rechtfertigte die Ausweitung der Staatstätigkeit; sie gestattete eine stärkere Erfassung der Bevölkerung durch Militärdienst und Besteuerung. Gleichzeitig aber konkurrierten diese Ziele auch miteinander, denn durch die Expansion steigerte sich noch die Diversität der von Frankreich zu verwaltenden Territorien.

Menschen, die vorher kaum oder keinerlei kulturelle Verbindungen zu dem Land hatten, kamen so unter französische Herrschaft. Diese Tendenz erreichte ihren Höhepunkt mit der Übersee-Expansion, die Frankreich ein Kolonialreich von schier unendlicher Diversität bescherte. Man präsentierte es als eine von Brest bis Saigon reichende, einheitlich verwaltete «Plus grande France», doch war der Widerspruch zwischen Expansions- und Einheitsstreben nun offenkundig.

Wenn man die Geschichte Frankreichs anhand dieser beiden Leitmotive darstellen will, beginnt man am besten mit dem Jahr 1000, als im mittelalterlichen Westfrankenreich langsam die Konturen einer neuen politischen Gemeinschaft sichtbar wurden.

III. Die Entstehung des französischen Königtums (um 1000 bis 1314)

Das Westfrankenreich um das Jahr 1000

Um das Jahr 1000 gab es noch kein «Frankreich». Weder gab es eine einheitliche politische Herrschaft noch ein Volk, das sich als «französisch» empfunden hätte, noch Staatsgrenzen im modernen Sinne. Aus dem Karolingerreich, das sich einst von den Pyrenäen über das gesamte Territorium des heutigen Frankreich, von Norditalien bis zum Osten Deutschlands ausgedehnt hatte, waren im 843 geschlossenen Vertrag von Verdun drei Teilreiche hervorgegangen. Aus dem westlichsten der Reiche sollte in einem langsamen Prozess Frankreich entstehen. Um das Jahr 1000 stand mit Robert II. ein König an seiner Spitze, der sich nicht etwa «roi de France», sondern «roi des Francs» (also «König der Franken») nannte. Sein Vater Hugo Capet war 987 an die Spitze dieses westfränkischen Reichs getreten, nachdem die Herrschaft der Nachkommen Karls des Großen in Chaos und Instabilität geendet war.

Das damalige Königtum war eine völlig andersartige politische Konstruktion als in späteren Zeiten, in denen der Monarch souverän über ein einheitliches Territorium regierte. Um das Jahr 1000 hingegen war die politische Macht aufs Höchste fragmentiert, denn Robert II. teilte sich die politische Herrschaft im Westfrankenreich mit vielen anderen Fürsten. So hatten im Norden die Herzöge von Flandern und der Normandie ihre Herrschaft etabliert, im Osten gab es die Herzogtümer Champagne und Burgund, im Süden die Grafschaften Toulouse, Barcelona und die Gascogne, während im Westen die Bretagne, Anjou und Aquitanien eigene Fürstentümer bildeten. Dem König unterstand direkt nur ein kleines Territorium, die sogenannte «königliche Domäne», die Paris mit seiner Umgebung umfasste und südlich bis an die Loire und die Stadt Orléans reichte. Dennoch war der «roi des Francs» mehr als nur ein Fürst unter vielen: Als König war er der Einzige, der von einem Bischof mit heiligem Öl gesalbt worden war gemäß einer Zeremonie, die man bis auf Chlodwig und die Anfänge des fränkischen Königtums zurückführte. Die Salbung erhob ihn aus den Reihen der gewöhnlichen Sterblichen und begründete seine besondere Beziehung zu Gott; sie machte ihn zum Verteidiger und Schützer des Glaubens. Aufgrund seiner Nähe zur Kirche, als göttlich legitimierter Herrscher konnte er also einen Vorrang vor den anderen Fürsten beanspruchen, deren Status lediglich auf Besitz, Macht und Gewalt beruhte, und stand so an der Spitze der politisch-sozialen Ordnung des Westfrankenreichs. Diese gilt als das Modell einer feudalen Gesellschaft, hierarchisch aufgebaut und auf einer klaren Funktionsteilung zwischen den Menschen beruhend, die zwischen Herrschenden, Dienenden und Klerikern unterschied.

Geht man vom heutigen Territorium Frankreichs aus, so wurde dieses im Hochmittelalter von zwei Grenzen durchzogen. Die erste ließ sich entlang der Loire ziehen und bildete eine sprachlich-kulturelle Grenze zwischen Norden und Süden. Der Einfluss der römischen Eroberung hatte sich im Süden stärker bemerkbar gemacht als im Norden. Nördlich der Loire sprach man die *langue d'oïl*, aus der langsam das heutige Französisch hervorgehen sollte. Südlich davon war die Sprachfamilie der *langue d'oc* vorherrschend, die eine stärkere Verwandtschaft mit dem Lateinischen aufwies. Auch hatte sich im Süden die Tradition des schriftlichen römischen Rechts bewahrt, während im Norden das Gewohnheitsrecht vorherrschend war. Im Süden waren städtische Siedlungen typischerweise um die Burg eines Grundherrn herum entstanden, im Norden hingegen bildete zumeist die Kirche das Zentrum der Ortschaften. Die zweite das heutige französische Territorium durchziehende Grenze war eine politische: Sie trennte das Westfrankenreich vom Heiligen Römischen Reich Deutscher Nation. Diese Grenze entsprach einer Linie, die sich von der Mündung der Schelde im Norden bis zum Rhone-Delta im Süden ziehen lässt. Städte wie Marseille und Lyon, die eine so große Bedeutung in der französischen Geschichte erlangen würden, lagen östlich dieser Linie und gehörten also damals nicht zum Westfrankenreich.

Nachdem die Invasionen von skandinavischen Normannen, Ungarn und Sarazenen für Unruhe und Instabilität gesorgt hatten, begann um das Jahr 1000 eine Wachstumsphase. Nach Schätzungen wuchs die Bevölkerung von ca. sechs Millionen auf ca. neun Millionen um das Jahr 1200 an. Die gesellschaftliche Dynamik wurde besonders darin sichtbar, dass die Städte an Bedeutung gewannen: Nicht nur stellten sie die Märkte bereit, in denen landwirtschaftliche Produkte verkauft wurden; auch entstanden hier Ateliers vor allem für die Tuchherstellung. Insbesondere der Nordosten des Westfrankenreichs, zu dem flämische Städte wie Brügge, Gent, Arras und Tournai gehörten, erlebte dank der Tuchproduktion einen nachhaltigen Aufschwung. Vielerorts entstanden neue Siedlungen, die zumeist auf die Initiative adliger Grundherren zurückgingen und sprechende Namen wie Chateauneuf, Villefranche, Villeneuve, Neufbourg trugen. Bereits bestehende Städte vergrößerten sich, indem außerhalb der Stadtmauern neue Viertel angelegt wurden. Auch der Anblick der Städte veränderte sich: Bauten aus Stein ersetzten die alten Holzkonstruktionen. Es entstanden Kirchen, Brücken, Bischofspaläste und Adelshäuser aus Stein, insbesondere in den Städten des Südens oft begleitet von hohen Türmen, mit denen die großen Adelsfamilien Macht und Stärke demonstrierten.

Christentum, Klöster und Kirchenreform

Das alles prägende Wertesystem der mittelalterlichen Gesellschaft bildete das Christentum. Es beeinflusste auf das Tiefste die sozialen Beziehungen, die Einstellungen der Menschen und die politische Ordnung. Alle Christen waren auf der Suche nach Heil und göttlicher Gnade, um im Jenseits zu den Erlösten zu gehören; und dieser Wunsch motivierte auf verschiedenste Weise ihr Handeln. Das Ideal einer christlichen Existenz verkörperten Mönche und Nonnen, da sie sich von einem weltlichen Lebensvollzug verabschiedet hatten und sich ganz der Verehrung Gottes widmeten. Vom westfränkischen Reich ging der Aufschwung des hochmittelalterlichen Mönchswesens aus. Hier entstanden die wichtigsten, mächtigsten und einflussreichsten Klöster; von hier aus begann auch die klösterliche Reformbewegung, die auf ganz West- und Mitteleuropa ausstrahlte. Ihr Ziel war es, zu den Grundlagen des frühchristlichen Mönchtums zurückzukehren und sich auf die Weisungen des heiligen Benedikt zu besinnen: Dies bedeutete, das Gebet in den Mittelpunkt des Lebens zu stellen und die Ordensgemeinschaft strengen Regeln zu unterwerfen.

Das einflussreichste Kloster des Hochmittelalters war Cluny im westfränkischen Burgund. Mehr als eintausend Klöster in ganz Europa unterstanden der burgundischen Abtei. Großen Einfluss übte Cluny auch über seine herausragenden Mönche aus, die zu den führenden Theologen der Zeit gehörten und von denen manche auf den römischen Papstthron gelangten. Das ungeheure Selbstbewusstsein Clunys zeigte sich an seiner prächtigen, im späten 11. Jahrhundert errichteten Klosterkirche, die alle anderen religiösen Bauten Europas einschließlich des Petersdoms überragte.

Unter diesen Vorzeichen war Cluny, zusammen mit anderen Reformklöstern wie Fleury, Saint-Denis und Saint-Germain-des-Prés, ein Ausgangspunkt der großen Umwälzungen, die ab der zweiten Hälfte des 11. Jahrhunderts das gesamte abendländische Christentum erfassten. Die von reformerischen Päpsten wie Gregor VII. vorangetriebenen Neuerungen betrafen nicht nur die innere Ordnung der Kirche, sondern auch das Verhältnis zwischen Klerikern und Laien sowie die Beziehungen zwischen weltlicher und religiöser Herrschaft. Damals übliche Praktiken wie der Kauf kirchlicher Ämter wurden auf das Schärfste bekämpft. Die Keuschheit und Ehelosigkeit der Geistlichen, bislang nur unvollkommen befolgt, galten nun als Grundprinzipien der klerikalen Moral. Auf diese Weise sollte eine strenge Grenze zwischen weltlicher und geistlicher Lebensführung gezogen werden. Ähnlich verfuhr man im Bereich der wirtschaftlichen und politischen Beziehungen: Denn von nun an sollten die Geistlichen ihren Grundbesitz autonom verwalten und der Kirchenbesitz von Laien unterbunden werden. Und weltliche Herrscher sollten sich nicht mehr in die Besetzung kirchlicher Ämter einmischen. Diese als «gregrorianische Reformen» bekannten Umwälzungen führten im Westfrankenreich allerdings nicht zu einem Grundsatzkonflikt, der mit dem Investiturstreit zwischen dem Kaiser des Heiligen Römischen Reichs und dem Papst vergleichbar wäre. Vielmehr versuchten die Könige eine privilegierte Beziehung zum Papsttum aufzubauen und sich als die Vorkämpfer kirchlicher Anliegen zu präsentieren.

Erlangte Cluny in den Zeiten der «gregorianischen Reformen» den Zenit seiner Macht, so wurde gleichzeitig am Erfolg der burgundischen Abtei Anstoß genommen. Stand es nicht im Widerspruch zu den Prinzipien des Mönchtums, wenn ein Kloster zu Reichtum und Einfluss gelangte? Zahlreiche Gläubige distanzierten sich von der Großartigkeit Clunys und entwarfen ihr eigenes Modell einer gottgerechten Lebensführung. So zogen sich Menschen in die Einsamkeit der Wälder und Gebirge zurück und erblickten im Einsiedlertum den wahren Weg zum Heil. Auch die zu Beginn des 12. Jahrhunderts gegründete Mönchsgemeinschaft der Zisterzienser, deren Namen auf die Gründungsabtei Cîteaux im burgundischen Westfrankenreich zurückgeht, verpflichtete sich zu einem von der Gesellschaft abgeschiedenen Leben und gab sich ein einheitliches, strenges Regelwerk, das den Verzicht auf weltlichen Besitz und die feudale Herrschaft über Menschen beinhaltete, ebenso wie es klare Vorschriften für den Kirchen- und Klosterbau enthielt: Die Architektur sollte schlicht sein und sich vom Prunk anderer Ordensgemeinschaften unterscheiden; jegliche bildliche Darstellungen waren untersagt. In Bernhard von Clairvaux fanden die Zisterzienser einen charismatischen Anführer, der die Verbreitung des Ordens in Europa vorantrieb.

Während die Zisterzienserklöster ein Modell schmuckloser Einfachheit bildeten, entfaltete sich andernorts ein neuer, monumentaler architektonischer Stil, der die vertikalen Linien in bislang unbekannte Höhen trieb. Das Mauerwerk ließ man so weit wie möglich verschwinden, um das Kircheninnere mit Licht zu durchfluten. Die Gewölbe wurden mit spitz zulaufenden Bögen konstruiert; komplexe Systeme von Strebebalken stützten die filigranen Wände. Eine der ersten Kirchen in diesem später als «gotisch» bekannt gewordenen Stil ließ der Abt Suger in Saint Denis vor den Toren von Paris errichten, bevor ab der Mitte des 12. Jahrhunderts in Bischofssitzen wie Chartres, Sens, Noyon, Laon und Paris neue Kathedralen im gotischen Stil entstanden. Dessen Verbreitung beschränkte sich somit weitgehend auf den Norden des Westfrankenreichs, auf die «Domaine royal» und seine angrenzenden Territorien. Hingegen blieb man im Süden noch der romanischen Bauweise mit massiveren Wänden, Rundbögen und reich dekorierten Kapitälen treu.

Mit dem Neubau der Kathedralen ging auch eine intellektuelle Erneuerung einher: Wo auch immer eine neue Bischofskirche errichtet wurde, entstand an ihrer Seite eine Schule. War die Bildungsarbeit zuvor wesentlich die Aufgabe der Klöster gewesen, so verlagerte sie sich immer mehr in die Städte. Dort entstanden nun auch vermehrt freie Schulen, die sich um eine Lehrerpersönlichkeit herum bildeten. Paris nahm dabei europaweit eine führende Stellung ein, als sich hier mehrere angesehene Lehrer niederließen, die als die modernsten Denker ihrer Zeit galten und Schüler von weither anzogen. Ein Beispiel hierfür bildet der Philosoph und Theologe Abaelard, der nicht nur durch seine tragische, verbotene Liebe zu seiner Schülerin Heloïse, sondern auch dank seiner weitgefächerten Schriften Weltruhm erlangte. Er gehörte zusammen mit Denkern wie Gilbert de la Porée zu den Begründern der Scholastik, dieser theologischphilosophischen Richtung, die der Logik, der Deduktion und der dialektischen Methode wieder einen zentralen Platz einräumte.

Durch ihre innere Reform, die strengeren Verhaltensnormen für Kleriker und den Aufschwung des Mönchtums festigte sich die Kirche als Institution, gleichzeitig aber wurde sie doktrinärer und suchte eine einheitliche Interpretation des Christentums durchzusetzen. Die Verhärtung der Kirche zeigte sich nicht nur in ihrem Kampf gegen christliche Glaubensrichtungen, die als häretisch eingestuft wurden, sondern auch in ihrem Verhältnis zu nichtchristlichen Religionen. So verfasste Petrus Venerabilis, der mächtige Abt von Cluny, um 1144 ein aggressives Traktat über die «unverbesserliche Hartherzigkeit der Juden». König Philippe Auguste ging noch weiter, indem er die Juden im Jahre 1181 vorübergehend aus der «Domaine royal» auswies; viele von ihnen zogen sich daraufhin in den Süden und Südwesten des Westfrankenreichs zurück.

Kreuzzüge und Rittertum

Ein Ausdruck dieses zunehmend militanten Selbstbewusstseins waren die Kreuzzüge. Die Koexistenz mit Muslimen erschien den Vertretern der Kirche immer schwieriger hinnehmbar, zumal diese nicht nur das Heilige Land erobert hatten, sondern auch christliche Länder im Südosten Europas bedrohten. Die Motivation der Kreuzzüge entstand somit daraus, die Expansion des Islams zu bekämpfen und die Stätten des Lebens Jesu christlichen Pilgern wieder zugänglich zu machen. Bei den ersten Kreuzzügen spielte das Westfrankenreich eine führende Rolle: Hier hatte der erste Kreuzzug seinen Ausgangspunkt, als Papst Urban II. auf dem Konzil von Clermont mit der Devise «Dieu le veut» (Gott will es so) dazu aufrief, für die Christen des Ostens zu kämpfen.

Die Kreuzzüge boten den Rittern, der adligen Führungsschicht des Landes, ein neues Betätigungsfeld: Die «chevaliers» verbanden in ihrer Lebensethik kriegerische, aristokratische und christliche Elemente. Sie waren in der Funktionsteilung der mittelalterlichen Gesellschaft für den bewaffneten Kampf zuständig, somit gehörten Mut und Stärke zu den wichtigsten Tugenden eines Ritters. Zugang zu diesem Stand fand man erst, wenn man zum Ritter geschlagen worden war und Werte wie Treue, Großzügigkeit und Ehre verinnerlicht hatte. Die Verteidigung des Christentums und der Kirche stand im Zentrum der ritterlichen Ethik, wie sie in den großen Epen des französischen Mittelalters wie der Artussage gefeiert wurde. Unter diesen Vorzeichen gewannen die Kreuzzüge eine besondere Attraktivität, denn sie gaben den Rittern die Möglichkeit, ihren Kriegerethos in den Dienst einer unzweifelhaft religiösen Sache zu stellen. So entstand im Rahmen der Kreuzzüge der Templerorden, der als eine religiöse Gemeinschaft von Rittern zwei Leittendenzen der mittelalterlichen Gesellschaft miteinander verband: das ritterliche Kriegerethos und die klösterliche Frömmigkeit.

Beim zweiten Kreuzzug vereinten sich Mönchswesen, Ritter und Königtum zu einem militanten Christentum. Vor der Klosterkirche von Vézelay versammelte der große Zisterzensierabt Bernhard von Clairvaux 100 000 Menschen und rief die Ritter zum heiligen Krieg auf. Als oberster Ritter seines Reichs stellte sich König Ludwig VII. an seine Spitze und bezeugte somit, dass er sich als der erste Beschützer der Kirche verstand. Mit den Kreuzzügen ging vom Westfrankenreich eine erste, wenn auch nicht dauerhafte präkoloniale Expansion aus: Im Vorderen Orient ebenso wie auf Zypern siedelten sich fränkische Ritter an, der Klerus stammte weitgehend aus dem Westfrankenreich, an den Höfen wurde die französische Sprache gesprochen.

Die militante Haltung der Kirche zeigte sich nicht nur in der Expansion gegen den Islam, sondern auch im Inland: So wurde nun vermehrt gegen Tendenzen vorgegangen, die von der offiziellen Glaubenspraxis abwichen und deshalb als häretisch angesehen wurden. Die Hauptzielscheibe kirchlicher Verfolgung waren die sogenannten «Katharer» (nach einer ihrer Hochburgen auch als «Albigenser» bezeichnet), eine weitgefächerte religiöse Bewegung, die sich besonders im Südwesten ausgebreitet hatte und auch unter dem Adel Anhänger fand, wodurch sie politischen Einfluss erlangte. Die «Katharer» richteten ihre Gemeinschaft nach rigiden Verhaltensregeln aus und ließen den Glauben von allen denkbaren Mittlern, seien es Kleriker oder Laien, verbreiten. Auch vertraten sie eine radikal vereinfachte, binäre Vision des Christentums. Nach ihrer Lehre bekämpften sich im Universum seit der Schöpfung Gott und Satan, wobei die Erde von Letzterem dominiert werde. 1209 kam es auf Initiative von Papst Innozenz III. zum ersten Kreuzzug innerhalb des abendländischen Christentums, als ein Heer von Rittern gegen die Katharer zu Felde zog. In Béziers richteten sie ein fürchterliches Massaker an, das der päpstliche Legat im Vorhinein legitimiert hatte: «Tötet sie alle, Gott wird die Seinen erkennen!» Ein weiterer wichtiger Akteur in der Häresiebekämpfung war der 1214 in Toulouse gegründete Predigerorden (nach seinem Gründer auch Dominikanerorden genannt). Die Kongregation unterschied sich radikal von der Abgeschiedenheit anderer Orden, indem sie den rechten Glauben lebensnah und weltzugewandt zu verbreiten suchte. Den in strenger Armut lebenden Dominikanern wurde ab 1233 das Recht zur Inquisition erteilt, in deren Zuge sie mutmaßliche Ketzer mithilfe von geheimen Informanten, erbarmungslosen Verhören und physischer Folter auszumachen suchten.

Behauptung und Aufschwung der Kapetinger

Um das Jahr 1100 war der westfränkische König kaum mehr als ein «primus inter pares» gewesen; ein oberster Lehnsherr, der über seine begrenzte «Domaine royal» verfügte, aber keine wirkliche Gestaltungsmacht über den Großteil des Königreichs besaß. Zweihundert Jahre später hatte sich die Situation sichtbar verändert: Nicht nur hatte sich die dem König direkt unterstehende «Domäne» vervielfacht und umfasste nun fast die Hälfte des Landes, auch in den anderen Herzogtümern konnte er sich immer stärker als höchste Autorität Frankreichs durchsetzen. Diese Entwicklung ist zunächst der ungewöhnlichen Kontinuität an der Spitze des kapetingischen Königshauses zu verdanken: Ludwig VII. (König von 1137 bis 1180), Philipp II. August (1180 bis 1223) und Ludwig IX. dem Heiligen (1226–

1270) waren jeweils mehr als 40 Jahre Herrschaftszeit vergönnt. In diesen Jahrzehnten außerordentlicher Stabilität dehnten sie die Krondomäne aus, bekämpften Rivalen innerhalb und außerhalb des Landes und bauten eine Monarchie auf, die mit einer fachlich ausgebildeten Verwaltung operierte und ihr Machtbegehren auch symbolisch unterstrich. So führte Philipp II. August 1204 für sich den Titel eines «roi *de France*» ein und betonte damit den Anspruch, nicht nur über Menschen, sondern auch über ein Territorium zu herrschen. Seine wichtigste Funktion erblickte er darin, als göttlich legitimierte Autorität Konflikte zu schlichten und die oberste gerichtliche Instanz des Landes zu berufen: das «Parlement» von Paris. In die Provinzen seines Herrschaftsbereichs entsandte er sogenannte «baillis» (im Süden «sénéchaux» genannt), welche die königliche Autorität und Rechtsprechung durchzusetzen hatten. Die Bekämpfung der Katharer nutzte er dazu, die königliche Domäne signifikant nach Süden und Westen auszuweiten: Nachdem der vom Papst einberufene Ritterkreuzzug gescheitert war, stellte sich der König selbst an die Spitze eines neuerlichen Kreuzzugs gegen die «Albigenser». Mit päpstlicher Erlaubnis eignete er sich alle eroberten Gebiete an, in denen die Landesherren die katharische Lehre unterstützt hatten. Die stolze königliche Festungsstadt Carcassonne zeugte von dem Machtgewinn der Kapetinger im Süden Frankreichs, wo ihr Einfluss bislang gering gewesen war.

Seit dem Jahre 1066 stand dem französischen König im eigenen Land ein mächtiger Antipode gegenüber. Dieses Datum markiert die Eroberung Englands durch die Normannen, deren Herzog Wilhelm zum englischen König erhoben wurde. Nach der Logik des Feudalsystems blieb der normannische Herzog zwar weiterhin ein Vasall des französischen Königs, doch war er aufgrund seiner neuen Machtbasis in England ein Konkurrent um die Vorherrschaft in Frankreich. Diese Rivalität verschärfte sich, als das normannisch-englische Reich den Plantagenets zufiel, denen bereits die im Nordwesten gelegenen Herzogtümer Anjou und Maine gehörten. Durch Heirat mit Aliénor von Aquitaine fielen dem englischen König Heinrich auch noch der

Westen und Südwesten Frankreichs zu, so dass die Plantagenets über viel umfangreichere Ländereien verfügten als der französische König. Dennoch wandte sich in den ersten beiden Jahrzehnten des 13. Jahrhunderts der Konflikt zugunsten der Kapetinger: In seinem Krieg gegen den englischen König Johann Ohneland blieb Philipp II. August siegreich und brachte die Normandie, Anjou und Maine unter seine Kontrolle. Das Plantagenet-Reich beschränkte sich jetzt zwar nur noch auf England und Aquitanien, doch war damit die Bedrohung für das kapetingische Königtum nicht endgültig abgewendet: Denn Johann Ohneland verbündete sich mit dem deutschen König Otto IV. sowie mit rebellischen Adligen wie den Grafen von Boulogne und Flandern, um dem französischen König eine endgültige Niederlage zu bereiten. Doch ging Philipp II. August aus der Schlacht von Bouvines (27. Juli 1214) siegreich hervor. Als der Herrscher sich mit seinem Heer auf den Rückweg in die Hauptstadt Paris begab, soll ihm überall der Enthusiasmus der Bevölkerung entgegengeschlagen sein. Zum ersten Mal flackerte bei den Untertanen eine Begeisterung für den «roi de France» auf. Die Schlacht von Bouvines kann so als eine Weichenstellung gelten: Während im Heiligen Römischen Reich die zentrifugalen Tendenzen stärker wurden und sich eine Vielzahl von Fürstentümern dauerhaft etablierte, schlug Frankreich vorerst den Weg zur Konzentration der Macht und der Verfestigung der königlichen Territorialherrschaft ein.

Im gleichen Zeitraum entfaltete das Königshaus große Anstrengungen, um seinen Herrschaftsanspruch auch symbolisch zu untermauern. Eine Schlüsselrolle kam dabei der Abtei Saint Denis zu, deren Mönche in ihren Chroniken die Taten der Könige glorifizierten und die Kapetinger in eine ungebrochene dynastische Kontinuität seit Chlodwig stellten. Als Grabstätte der Könige war Saint Denis spirituelles Herz und zentraler Erinnerungsort der Monarchie. Ebenso wurde Paris nun zur repräsentativen und administrativen Hauptstadt des Königreichs ausgebaut. Philipp August ließ nicht nur eine Stadtmauer rund um Paris errichten, sondern begann 1190 mit dem Bau eines neuen Königspalast – des Louvre –, der die traditionelle Residenz auf der «Ile de la Cité» ergänzte. Die Rolle von Paris als einem geistigen Zentrum Europas bestätigte sich: Um 1200 entstand aus der Vielzahl von freien Schulen eine der ersten Universitäten Europas, die von Philipp August mit einer weitgehenden Autonomie ausgestattet wurde. Studenten aus ganz Europa kamen hierhin; die bedeutendsten Intellektuellen der Zeit wie Thomas von Aquin, Albertus Magnus, Duns Scotus lehrten zeitweise in Paris.

Ludwig IX. (der Heilige) gestaltete ab 1241 den alten Pariser Königspalast zu einer sakralen Stätte um, indem er in dessen Zentrum die «Sainte-Chapelle» errichten ließ. Dort wurden die sich in seinem Besitz befindlichen heiligsten, vom Martyrium Jesu zeugenden Reliquien aufbewahrt – Reste des Kreuzes, Spuren des Bluts Christi, aber vor allem die Dornenkrone, die so in einen unmittelbaren Bezug zur französischen Königskrone gesetzt wurde und die heilige Würde des Monarchen unterstrich. Die «Sainte-Chapelle» trieb die Stilelemente der Zeit – Betonung der vertikalen Linien, Auflösen der Kirchenwände, bildhaft gestaltete Kirchenfenster – auf die Spitze und demonstrierte, wie sich die Gotik zur Kunst der französischen Monarchie entwickelt hatte. Als «art français» wurde sie mehr und mehr, nicht zuletzt durch französische Baumeister, nach ganz Europa exportiert. In die Geschichte ging Ludwig der Heilige nicht nur als innerer Schlichter und Friedensstifter ein (1268 verbot er jeglichen privaten Krieg im Königreich), sondern auch als unbarmherziger Bekämpfer nichtchristlicher Religionen und letzter französischer Monarch, der sich auf Kreuzzüge begab. Sein Tod 1270 in Karthago läutete damit auch den Niedergang dieser ersten Form eines französischen Übersee-Expansionismus ein.

Die Regierungszeit von Philipp IV. dem Schönen (1285 bis 1314) bildet den Schlusspunkt der Aufschwungsphase des kapetingischen Königtums. Sie fiel in einen Zeitraum, in dem sich die französische Wirtschaft ungünstig entwickelte. Immer weniger Agrarland konnte mit den damaligen Mitteln urbar gemacht werden, so dass vermehrt Ernährungskrisen auftraten. Viele Menschen mussten sich verschulden, um sich ernähren und die Abgaben an die Grundherren zahlen zu können. Ebenso konnten zahlreiche Adlige einen standesgemäßen Lebensstil nicht mehr finanzieren. Unterdessen verloren die Märkte der Champagne, die bis dahin die wichtigsten Umschlagplätze für flämische Textilhersteller und norditalienische Kaufleute gebildet hatten, an Bedeutung, da neue maritime Handelsrouten eine schnellere Verbindung zwischen Flandern und Italien ermöglichten. Diese krisenhaften Entwicklungen hinderten Philipp den Schönen aber nicht daran, die Konsolidierung des Königtums voranzutreiben und konkurrierende Mächte auszuschalten.

Sein wichtigster Antipode dabei war der Papst, dessen universeller Hoheitsanspruch immer stärker in Konkurrenz mit der wachsenden politisch-religiösen Macht des französischen Königtums trat. Unter dem Pontifikat von Bonifatius VIII. eskalierte der Konflikt, denn Letzterer war ein unberirrbarer Verfechter der Vormachtstellung des Papsttums gegenüber weltlichen Herrschern und sprach dem französischen König das Recht ab, beim Klerus Abgaben einzutreiben. In seiner Bulle «Unam sanctam» (1302) forderte er die Unterwerfung unter den Stellvertreter Christi auf Erden. Philipp IV. scheute nicht davor zurück, gewaltsam gegen den Papst vorzugehen, indem er ihn in Italien festnehmen ließ, um seine Abdankung zu erzwingen. Bonifatius VIII. konnte zwar entkommen, starb aber wenige Tage später. Seine Nachfolger nahmen eine konziliante Haltung gegenüber dem französischen König ein. Angesichts unaufhörlicher Familienfehden in Rom verließen sie dauerhaft ihren Bischofssitz und ließen sich ab 1309 unmittelbar an der Grenze zu Frankreich, nämlich in Avignon, nieder. Zwar lebten die Päpste fortan keineswegs in «babylonischer Gefangenschaft» des französischen Königs, wie es spätere Interpreten gesehen haben, doch hatte Philipp IV. den Machtkonflikt klar für sich entschieden. Der «Gallikanismus» der Monarchie – das Streben nach einer vom Papsttum unabhängigen französischen Kirche – nahm hier ihren Ausgangspunkt.

Im gleichen Zeitraum war der König gegen die Organisation vorgegangen, die er für den engsten Verbündeten des Papsttums innerhalb seines Herrschaftsbereichs hielt: den Templerorden. Dieser hatte durch seine führende Rolle in den Kreuzzügen, aber auch durch seinen umfangreichen Grundbesitz und seine rechtlichen Privilegien eine erhebliche Machtstellung erlangt. Da die Templer in den Kreuzzügen große Erfahrung im Umgang mit Finanzen erworben hatten, hatte die Krone ihnen die Verwaltung des königlichen Schatzes anvertraut. In seinem Streben nach Vormacht erblickte Philipp IV. in dem Ritterorden einen gefährlichen Rivalen und begann dessen Bekämpfung damit, dass er ihm 1295 die Aufsicht über den Schatz entzog, um ihn einem eigenen königlichen Finanzdienst anzuvertrauen. Dann verhafteten am 13. Oktober 1307 die Beamten des Königs auf dessen Geheiß alle in Frankreich auffindbaren Templer. Philipp IV. inszenierte sich in der Verfolgung der Templer zum Verteidiger der Kirche, der einer angeblich vom wahren Glauben abgefallenen Gruppierung den Kampf angesagt hatte. Auf massiven Druck von Philipp IV. sprach Papst Clemens V. 1312 auf dem Konzil von Vienne das Verbot des Templerordens aus. Zahlreiche Leitfiguren des Ordens, wie sein Großmeister Jacques de Molay, landeten auf dem Scheiterhaufen. Das Vorgehen Philipp IV. gegen die wegen ihrer wirtschaftlichen Macht unter der Bevölkerung unbeliebten Templer kann als ein Versuch verstanden werden, das Land durch Feindbilder zu vereinen. Eine ähnliche Strategie verfolgte der König gegen die Juden, die 1306 enteignet und aus dem Land ausgewiesen wurden.

Zum Ende der Regierungszeit Philipp IV. war Frankreich zum mächtigsten Königreich des europäischen Kontinents aufgestiegen. Dem kapetingischen Monarchen war es gelungen, einen Großteil des Territoriums politisch, administrativ und rechtlich zu kontrollieren, Steuern einzunehmen, Münzen zu prägen und dabei gleichzeitig den Ruf des christlichsten aller Könige zu pflegen. Doch zeigte die Ära Philipps IV., dass die Position des Königs nicht unumstritten war: Der Aufstand einer «Liga» rebellischer Adeliger, die sich gegen die Abgabenlast und ihren Einflussverlust unter der administrativen Monarchie wehrten, wurde 1314/15 niedergeschlagen. Und an der Peripherie des Königreichs verblieben mit Flandern, der Bretagne, Bourgogne und Aquitanien Fürstentümer, deren Treue zum König nicht garantiert war.

IV. Krisen und Kriege (1314–1624)

Hatte die mittelalterliche französische Gesellschaft im ausgehenden 13. Jahrhundert ihren Zenit erreicht, so war das Bild zu Beginn des 15. Jahrhunderts ein ganz anderes: Die Bevölkerung war mindestens um die Hälfte dezimiert, eine wirtschaftliche Depression erfasste die Landwirtschaft, das Handwerk und den Handel. Jahrzehntelange Kriege hatten nicht nur Verwüstungen bewirkt, sondern auch alltägliche Gewalt und Unsicherheit verbreitet. Und die politische Autorität, die sich die kapetingische Dynastie in den vorangegangenen Jahrzehnten immer mehr angeeignet hatte, war nun wieder stark fragmentiert: Die Fürstentümer an der Peripherie des Landes waren wieder erstarkt; zwei Rivalen konkurrierten mit dem König um die französische Krone. Frankreich war in eine tiefe, komplexe Krise gestürzt, für die verschiedene Faktoren, darunter eine europaweite Seuche, verantwortlich waren.

Gesundheits- und Ernährungskrisen

Als die Pest im Herbst 1347 über den Hafen von Marseille nach Frankreich eingeschleppt wurde, waren die Menschen darauf gänzlich unvorbereitet. Denn seit dem 8. Jahrhundert war diese Seuche im Okzident nicht mehr aufgetaucht. Sie zeigte sich in zwei verschiedenen Formen: der Lungen- und der Beulenpest. Während Erstere in allen Fällen zu einem schnellen Tod führte, konnten die an der Beulenpest erkrankten Menschen in seltenen Fällen gerettet werden. Die Seuche war durch mit Pestbakterien infizierte Ratten nach Europa gelangt und wurde wiederum von Rattenflöhen auf Menschen übertragen. Bei der Lungenpest konnte die Ansteckung auch von Mensch zu Mensch erfolgen, so dass sich insbesondere in den äußerst dicht besiedelten und hygienisch prekären Städten die Seuche in erschreckender Geschwindigkeit verbreitete. Die Ausbreitung der Pest vollzog sich von Süden nach Norden, entlang der Flüsse und der wichtigsten Handelsrouten Frankreichs, so dass innerhalb weniger Monate praktisch das gesamte Territorium von ihr erfasst wurde.

Dass die Seuchenverbreitung ihren Ursprung im Zusammenleben von Mensch und Tier hatte, war der damaligen Bevölkerung völlig unbekannt, weshalb sie dem Krankheitsgeschehen hilflos gegenüberstand. In der tief christlich geprägten Kultur des Mittelalters war es für die Mehrheit der Menschen evident, dass die Seuche auf den Zorn Gottes zurückzuführen war. Sie interpretierten das tödliche Krankheitsgeschehen als eine Strafe für die Sünden der Menschen und reagierten mit gesteigerter Frömmigkeit auf die Seuche. Gelegentlich entlud sich die Verzweiflung der Menschen auf die Juden, denen zur Last gelegt wurde, durch Vergiften des Wassers die Christen vernichten zu wollen. Insbesondere in Städten des Südens kam es zu Pogromen gegen die jüdische Bevölkerung.

Hatte bereits die Pestwelle zwischen 1347 und 1349 einen gewichtigen Teil der französischen Bevölkerung dahingerafft (Schätzungen gehen von 30 bis 50 Prozent aus), konnte sich die demographische Entwicklung überdies in den folgenden Jahrzehnten nicht erholen. Denn von nun an kehrte die Pest in unregelmäßigen Abständen wieder, auch wenn das Auftreten nun stärker auf einzelne Regionen konzentriert war und nicht mehr das ganze Land erfasste. Hinzu kam die seuchenhafte Verbreitung anderer Ansteckungskrankheiten wie Pocken, Keuchhusten, Grippe und Ruhr. Erst als sich die Gesundheitslage in der zweiten Hälfte des 15. Jahrhunderts langsam stabilisierte, konnte die erschütternde demographische Bilanz der Seuchen gezogen werden: Manche Landesteile wie die Normandie, die Ile-de-France und die Provence hatten zwei Drittel ihrer Bevölkerung verloren.

Die Epidemien verschärften zudem die landwirtschaftliche Krise, die sich bereits im ausgehenden 13. Jahrhundert bemerkbar gemacht hatte. Die Produktivität der Landwirtschaft war gesunken, da einerseits kaum noch Neuland erschlossen werden konnte und die Menschen andererseits nicht in der Lage waren, das vorhandene Land intensiver zu bewirtschaften, die Produktion aufzufächern und die Viehzucht auszuweiten. Der von den Seuchen verursachte Bevölkerungsrückgang setzte nun einen Teufelskreis in Gang: Da weniger Menschen in Frankreich ernährt werden mussten, sank die Nachfrage nach landwirtschaftlichen Gütern, wodurch deren Preise abstürzten und es nun zu Überproduktion kam. Die Landbevölkerung verarmte, denn die Grundherren und reichen Bauern konnten ihre Produkte nicht mehr verkaufen, während arme Landarbeiter keine Anstellung mehr fanden. Die genannten Faktoren hätten ausgereicht, um Frankreich in eine dauerhafte, tiefe sozioökonomische Krise zu stürzen. Doch mit dem jahrzehntelangen Krieg kam eine weitere Plage hinzu, so dass aus der Krise eine tiefe, alle Lebensbereiche umfassende Depression wurde.

Hundert Jahre Krieg und Bürgerkrieg

Kriegerische Auseinandersetzungen waren ein zwangsläufiges Element im Aufbau der souveränen Monarchie. Nur mithilfe von Kriegen konnte es den Königen gelingen, dem Machtstreben der Fürsten Grenzen zu setzen. Seit der Regierungszeit von Philipp dem Schönen war ein weiterer Faktor hinzugekommen, der die Kriegsführung für die Monarchie unverzichtbar machte: Der Krieg diente als Rechtfertigung, um im Lande Steuern zu erheben. Da zahlreiche Untertanen zum persönlichen Kriegsdienst nicht bereit oder in der Lage waren, wurde das Entrichten von Steuern als finanzieller Beitrag zur Bewahrung der öffentlichen Ordnung und Sicherheit vor bewaffneten Angriffen ausgegeben. Zudem waren permanente Steuereinnahmen notwendig, um den wachsenden Finanzbedarf der königlichen Verwaltung zu decken. Schließlich besaßen Kriege für die Ritter eine hohe Attraktivität, seitdem das Königtum begonnen hatte, sie für ihren Waffendienst zu besolden.

Die Ursachen des französisch-englischen Konflikts, der unter dem Namen «Hundertjähriger Krieg» in die Geschichte einging, sind auf zwei Ebenen anzusiedeln: Erstens gab es einen strukturellen Konflikt zwischen der englischen und der französischen

Krone um das südwestliche Territorium Aquitanien (auch «Guyenne» genannt), das seit 1152 im Besitz der englischen Königsdynastie der Plantagenets war. Als Herzöge von Aquitanien waren die englischen Könige nominell Vasallen des französischen Königs. Daraus entstanden gegensätzliche Interessen: England versuchte eine möglichst eigenständige Entwicklung Aquitaniens durchzusetzen, während Frankreich die Verselbstständigung des Fürstentums zu verhindern suchte. Zweitens kam der Krieg aufgrund eines Streits um die französische Thronfolge zum Ausbruch. Nach dem Tod Philipps des Schönen war die Krone hintereinander an dessen drei Söhne übergegangen, die alle jung starben, ohne einen männlichen Thronfolger zu hinterlassen. Als es 1328 keinen direkten männlichen Nachkommen Philipps des Schönen mehr gab, stellte sich die Frage, wer den französischen Thron besteigen sollte. Konnte die Königswürde auch durch eine Frau vererbt werden? In diesem Falle wäre nämlich der englische König Eduard III., Sohn der Tochter Philipps des Schönen, an die Spitze der französischen Monarchie getreten. Um dieses Szenario zu verhindern, griffen die Fürsten auf die Valois, eine Nebenlinie der Kapetinger, zurück und machten den Neffen Philipps des Schönen zum König. Der Krieg, den Eduard III. daraufhin gegen Frankreich startete, verfolgte stets zwei Ziele: seinen Anspruch auf die französische Krone durchzusetzen und Aquitanien vor den Begehrlichkeiten seines Rivalen zu bewahren. Um das letztere Ziel durchzusetzen, schickte er Truppen in seine Besitzungen im Südwesten Frankreichs; um die Krone zu erobern, versuchte er Flandern zu seiner Basis zu machen.

Die erste Phase des Krieges ging zu Ungunsten Frankreichs aus, dessen Flotte bei einer Seeschlacht im Ärmelkanal unterging. Eduard III. konnte in Flandern landen und trug in der Schlacht von Crécy (1346) einen weiteren Sieg davon. Nach monatelanger Belagerung fiel Calais in die Hände der Engländer, die nun einen strategisch äußerst wichtigen Stützpunkt im Norden Frankreichs besaßen. Bei der katastrophalen Niederlage von Poitiers (1356) zeigte sich die taktische Überlegenheit der Engländer, die mit schnellen Bogenschützen kämpften, denen die Franzosen mit ihren herkömmlichen Armbrustschützen unterlegen waren. Frankreichs König Johann II. (genannt «der Gute») geriet in englische Gefangenschaft, aus der er erst vier Jahre später gegen ein hohes Lösegeld entlassen wurde.

Bereits in dieser ersten Phase zeigte sich, dass der Krieg die Gegensätze innerhalb der französischen Gesellschaft verstärkte. So kam es vermehrt zu Konflikten darum, wie das Land gegenüber dem König repräsentiert werden sollte, wenn es um zentrale Fragen insbesondere finanzieller Natur ging. Seit dem 13. Jahrhundert war es gebräuchlich, dass der König sogenannte «états généraux» einberief, um Entscheidungen insbesondere über die Steuererhebung absegnen zu lassen. Die «états» bestanden aus Vertretern des Adels, des Klerus und der sogenannten «bonnes villes», also der Bürgerschaften der großen Städte des Landes. Der Krieg führte zu einer verstärkten Politisierung der Eliten, die sich in unterschiedliche, dem König befürwortend oder ablehnend gegenüberstehende Parteiungen spalteten. Denn die Niederlagen gegen die Engländer stellten die Legitimität des Königs und seiner finanziellen Ansprüche auf die Probe: Der Monarch erhob immer mehr Steuern, doch vermochte er weder die Invasoren zu besiegen noch die Sicherheit des Landes zu garantieren, was doch seine eigentliche Aufgabe war.

Diese Konflikte spitzten sich nach 1356 zu, als der König in englischer Gefangenschaft war und die Staatsgeschäfte vom «Dauphin», dem Thronfolger, verwaltet wurden. Angeführt von Etienne Marcel, dem Vorsteher der Pariser Kaufmannschaft, wurde die Forderung nach einer «Reform» des Staates erhoben, die auf eine weitgehende Kontrolle des Monarchen durch die Stände und deren Beteiligung an wichtigen Entscheidungen wie über die Besteuerung hinauslaufen sollte. Im März 1357 trotzte man dem «Dauphin» eine Verordnung ab, die einer französischen «Magna Charta» gleichkam und die Einrichtung eines permanenten repräsentativen Rats vorsah, der gemeinsam mit dem König die Staatsgeschäfte verwalten sollte. Faktisch wurde diese umfassende Staatsreform angesichts der Wirren der Kriegsjahre nie Wirklichkeit: Etienne Marcel verlor bald seinen Rückhalt unter den Parisern, da man ihn des Paktierens mit den Engländern beschuldigte. Im Juli 1358 wurde er ermordet.

Gleichzeitig brach ein Aufstand der ländlichen Unterschichten aus, der sich gegen den Adel richtete. Die mit wütender Gewalt vorgehenden Bauern nannte man «les Jacques», und ihr Aufstand, der von hohen Adligen brutal niedergeschlagen wurde, ging als die «Jacquerie» in die Geschichte ein.

Der anglo-französische Konflikt durchlief fortan verschiedene Phasen, gekennzeichnet von Wiedereroberungen durch den französischen König, erneuten Rückschlägen, nicht eingehaltenen Waffenstillständen und prekären Friedensschlüssen. Eine neue Periode begann mit der Wende zum 15. Jahrhundert, als der Krieg immer stärker zu einem innerfranzösischen Bürgerkrieg wurde. Dafür waren zwei Faktoren verantwortlich: zum einen das Erstarken des Herzogtums Burgund, das von einer Nebenlinie der Kapetinger regiert wurde. Durch Heirat und Erbe hatte sich deren Territorium vergrößert; insbesondere gehörte seit 1369 mit Flandern der fortschrittlichste und wirtschaftlich stärkste Landesteil Frankreichs dazu. Zum anderen war 1392 die Geisteskrankheit des seit zwölf Jahren herrschenden Königs Karl VI. festgestellt worden, die sich zunehmend verschlimmerte. Dadurch entstand an der Spitze des Königreichs ein Machtvakuum, denn einerseits konnte der König als mit heiligem Öl Gesalbter nicht abgesetzt werden, andererseits war er zur Herrschaft kaum noch in der Lage. Diese Situation wollten sich zwei Kontrahenten zunutze machen: der burgundische Herzog Johann (genannt «Ohnefurcht») sowie der Bruder des Königs, Ludwig von Orléans. Der Auslöser zum Bürgerkrieg zwischen den beiden Parteiungen war ein politischer Mord, als nämlich der burgundische Herzog seinen Rivalen Ludwig im November 1407 in Paris auf offener Straße töten ließ.

Beim Krieg zwischen den «Bourguignons» (so nannte man die Anhänger von Johann Ohnefurcht) und den «Armagnacs» (so bezeichnete man ihre Rivalen) ging es kaum um politische Inhalte, sondern fast ausschließlich um die Macht in Frankreich. Immer wieder spielte sich der Konflikt inmitten von Paris ab, dessen Führungsschichten einen wichtigen Einfluss im Lande ausübten. Im Jahre 1415 schließlich versuchte der englische König Heinrich V., die verfahrene Situation in Frankreich zu seinen Gunsten zu nutzen und mit einer Invasion seine Ansprüche auf die Krone endlich zu verwirklichen. Der englische Sieg in der Schlacht von Azincourt (Oktober 1415) bedeutete für die französischen Ritter eine ähnliche Demütigung wie zuvor Crécy und Poitiers, doch entschied er nicht den Konflikt. Die Armagnacs erlitten schlimme Verluste und unterstützten fortan das Lager des französischen Königs, während die «Bourguignons», die der Schlacht ferngeblieben waren, ihre Ambitionen nicht aufgaben. Frankreich war nun faktisch in drei Machtbereiche aufgespalten: einen burgundischen im Norden und Osten; einen englischen, der die Normandie, die Ile-de-France und Aquitanien umfasste; und einen dritten, vom Thronfolger des geisteskranken Königs regierten Bereich, der von der Loire bis ans Mittelmeer reichte.

Die Schlussphase des Hundertjährigen Krieges ist in der kollektiven Erinnerung Frankreichs unlösbar mit einer Nationalheldin verbunden: Jeanne d'Arc, eine junge Frau aus Lothringen, die sich von dem göttlichen Auftrag geleitet sah, Frankreich zu befreien. Sie suchte den Thronfolger Karl VII. auf, erhielt von ihm eine kleine Armee, mit der sie nach Orléans zog und die Belagerung der Stadt durch die Engländer erfolgreich bekämpfte. Daraufhin überzeugte sie den «Dauphin», in feindliches Territorium nach Reims zu ziehen, um sich dort zum König salben zu lassen und so die sakrale Legitimität der Dynastie zu unterstreichen. Kurz danach wurde die «Jungfrau von Orléans» von burgundischen Soldaten gefangen genommen, an die Engländer verkauft und in Rouen auf den Scheiterhaufen gebracht. Die Geschichte von Jeanne d'Arc hat alle Zutaten eines nationalen Mythos, indem sie von der Wiederaufrichtung eines gedemütigten Landes, dem selbstlosen Dienst am Vaterland, Verrat und Opfer einer jungen Frau aus dem Volk erzählt. Tatsächlich aber war der Beitrag der «Jungfrau von Orléans» zum Ausgang des Hundertjährigen Kriegs keineswegs entscheidend. Erst vier Jahre nach ihrem Tod schlossen der französische König und sein burgundischer Rivale in Arras einen Friedensvertrag, der den Bürgerkrieg beendete. Und es dauerte noch zwei Jahrzehnte, bis England endgültig besiegt wurde und seine Besitzungen im Südwesten aufgeben musste. Nach 120 Jahren Krieg verblieb den Engländern nur noch Calais als einziger Stützpunkt in Frankreich.

Renaissancen

Das von Epidemien und Kriegen zerrüttete Frankreich erlebte in der zweiten Hälfte des 15. Jahrhunderts eine Wiedergeburt. In praktisch allen Lebensbereichen ging es wieder aufwärts, nachdem das Land weitgehend befriedet war und die Gesundheitslage sich endlich stabilisierte. Auch begann nach 1450 eine Renaissance des französischen Königtums, das nun eine der wichtigsten Phasen seiner Machtentfaltung erlebte. Es schien, als habe die Monarchie von der Schwächung der sozialen Strukturen profitieren können, um ihren Zugriff auf die Gesellschaft zu konsolidieren. Somit bildeten die Jahrzehnte nach dem Hundertjährigen Krieg eine entscheidende Periode im Übergang von der feudalen zur souveränen und administrativen Monarchie. Das langfristig folgenreichste Wirken der Monarchie bestand darin, mit den Fürstentümern der Bretagne, der Provence und Burgund ihre noch verbliebenen Rivalen um die Hoheit über Frankreich auszuschalten. Während die Bretagne und die Provence durch Heirat bzw. Erbe unter die Kontrolle des Königtums gebracht werden konnten, erwies sich Burgund mit seinen wirtschaftlich produktiven und kulturell glanzvollen Ländereien als der kämpferischste Konkurrent. Der Ehrgeiz der burgundischen Herzöge war es, die Schwerpunkte ihres Herrschaftsbereichs – die Niederlande im Norden und Burgund im Süden – zu einer territorialen Einheit zu verbinden, indem die dazwischenliegenden Gebiete, darunter Lothringen, dazugewonnen werden sollten. Auf diese Weise sollte der Traum eines souveränen Mittelreichs zwischen Frankreich im Westen und dem Heiligen Römischen Reich im Osten Wirklichkeit werden. Doch ging der burgundische Herzog Karl der Kühne dabei zu hastig und ungeduldig vor. Mit der Niederlage und dem Tod des Herzogs in der Schlacht von Nancy (1477) endete die Geschichte des unabhängigen Burgund. Dessen südliche Territorien sowie das Artois fielen an Frankreich, während Kaiser Maximilian I. sich mit Flandern und Brabant das ökonomische Schwergewicht Nordeuropas sichern konnte.

Mit dem Ende des Kriegs begann auch der Aufstieg erfolgreicher Bürger, die in dieser Aufschwungsphase zu großem Reichtum kamen. Emblematisch dafür ist Jacques Cœur, ein Geschäftsmann aus Bourges und wahrscheinlich reichster Privatmann Frankreichs seiner Zeit, der nicht nur mit den verschiedensten Gütern (Salz, Getreide, Textilien, Leder, Schmuck) und Partnern im gesamten Mittelmeerraum handelte, sondern auch einen immensen Grundbesitz akkumulierte. Deswegen wurde der König auf ihn aufmerksam, der ihm das staatliche Münzwesen anvertraute, ihn in den königlichen Rat berief und ihm einen Adelstitel verlieh. Eine Karriere wie die von Jacques Cœur deutete den Trend künftiger Zeiten an: Der Adel bildete zwar nach wie vor die politisch führende gesellschaftliche Schicht, doch eroberte sich das Bürgertum wachsende wirtschaftliche Macht und stattete sich in Form von prächtigen Schlössern mit den gleichen Statussymbolen aus wie die Aristokratie.

Der Konflikt mit England war gerade vier Jahrzehnte vorbei, als die französische Monarchie ihr Land in einen neuen Krieg verwickelte. Diesmal war allerdings nicht Frankreich selbst der Kriegsschauplatz, sondern Italien. König Karl VIII. überschritt 1494 mit einer Armee die Alpen, fiel in Norditalien ein und zog durch die gesamte Halbinsel, um seine Rechte auf den Königsthron von Neapel geltend zu machen. Mit der Invasion Frankreichs endete die Blütezeit der italienischen Stadtrepubliken: So führte sie etwa zum Sturz der Medici in Florenz. Der Militäroperation Karls VIII. war aber kein dauerhafter Erfolg beschert, was seinen Nachfolger Ludwig XI. nicht davon abhielt, erneut und wiederum erfolglos in Italien einzufallen.

Welche Motive trieben die französischen Könige dazu, sich in Italien zu engagieren, während gleichzeitig die iberischen Mächte Spanien und Portugal zur wesentlich zukunftsträchtigeren Eroberung der «Neuen Welt» aufbrachen? Die Triebkraft der italienischen Feldzüge bestand zum einen darin, dass sie dem französischen Rittertum eine Chance boten, ihre Lebensform und Tugenden wiederzubeleben, zumal Italien als Ausgangsbasis für neuerliche Kreuzzüge ausersehen war – diesmal gegen die Osmanen, die 1453 Konstantinopel erobert hatten. Zum anderen versprach die Halbinsel mit ihren hochentwickelten Städten ökonomisches und politisches Kapital im Kampf um die Vorherrschaft in Europa. Dieses kardinale Motiv rückte unter König Franz I. in den Vordergrund, dessen gesamte Regierungszeit (1515–1547) von Militäroperationen in Italien geprägt war. Für Franz I. war die Vorherrschaft über Italien ein wesentlicher Schritt, um seinen Traum eines abendländischen Einheitsreiches unter französischen Vorzeichen zu verwirklichen. An diesem Wunschziel hielt er auch fest, als ihm trotz der Bestechung einiger Kurfürsten im Jahre 1519 die Wahl zum Kaiser des Heiligen Römischen Reichs Deutscher Nation versagt blieb. Seine Rivalität mit dem habsburgischen Kaiser Karl V. prägte fortan die Staatenbeziehungen in Europa, bei der er sich als der unterlegene Konkurrent erwies. Faktisch kam Karl V. als König von Spanien, Regent der Niederlande und deutscher Kaiser dem Ziel der Universalmonarchie viel näher als sein französischer Rivale. Nach seiner verheerenden Niederlage bei Pavia (1525) wurde Franz von den Habsburgern sogar über ein Jahr in Madrid gefangen gehalten. Erst nach dem Tod der beiden Kontrahenten wurde der Konflikt mit dem Frieden von Cateau-Cambrésis (1559) vorerst beendet. In mehr als 60 Jahren Italienkriegen konnte sich Frankreich außer ein paar Festungen keine territorialen Gewinne auf der Halbinsel sichern.

Wenn sie auch als ein politisches Scheitern angesehen werden müssen, so bedeuteten diese Kriege doch kulturell für Frankreich einen Gewinn, denn sie öffneten das Land mehr und mehr für die italienische Renaissance. Führende Künstler der Zeit kamen nach Frankreich und brachten den italienischen Stil in Malerei, Architektur und Bildhauerei ins Land. Dazu gehörten etwa Benvenuto Cellini, Rosso Fiorentino und Leonardo da Vinci, der in den Dienst von König Franz I. eintrat und 1519 in Frankreich verstarb. Franz I. gefiel sich in der Rolle des Kunstmäzens und Bauherrn: So ging auf ihn der Neubau bzw. Umbau im Renaissancestil von nicht weniger als elf Schlössern zurück, unter denen das Schloss Chambord an den Ufern der Loire herausragt, das als architektonisches Zeugnis seiner selbstempfundenen historischen Größe konzipiert war. In seiner Herrschaftspraxis zeigte er sich als Symbolfigur einer Übergangszeit: Denn er präsentierte sich einerseits als der «sehr christliche König», wie seine Vorgänger es seit Jahrhunderten getan hatten, während er andererseits ausschließlich die Machtinteressen Frankreichs in den Vordergrund rückte, wenn er etwa im Dienste der Staatsräson ein Bündnis mit dem Sultan des Osmanenreichs schloss – ganz so, wie es die Fürstenethik eines Niccolò Machiavelli verlangt hätte.

Reformation und Religionskriege

Die Herrschaft Franz I. bescherte Frankreich eine Periode der inneren Konsolidierung sowie der äußeren Expansion. Durch das Konkordat von Bologna (1516) hatte sich der Monarch das Recht gesichert, die wichtigsten kirchlichen Ämter wie Bistümer und Ordensleitungen selbst zu besetzen. Vom neuen Selbstbewusstsein zeugte das 1539 verkündete Edikt von Villers-Cotterêts, mit dem festgelegt wurde, dass künftig in der Gesetzgebung und Rechtsprechung nur noch das Französische verwendet werden sollte. Die mittelalterliche Universalsprache des Lateinischen hatte damit politisch ausgedient.

Im gleichen Zeitraum hatte sich Franz I. entschlossen, die Übersee-Expansion nicht den Mächten der Iberischen Halbinsel zu überlassen, sondern für Frankreich einen Anteil an der Neuen Welt einzufordern. In seinem Auftrag war zunächst der Italiener Giovanni da Verrazzano, dann der bretonische Seefahrer Jacques Cartier zu Entdeckungsreisen aufgebrochen. Ihr Auftrag hatte darin bestanden, eine Seefahrtsroute nach Ostasien zu finden, wo man die größten Reichtümer der Welt vermutete. Cartier ging tatsächlich an der Küste des heutigen Kanada an Land, fuhr den Sankt-Lorenz-Strom hinab und erhob für den französischen König den Anspruch auf diese Gebiete. So legte er die Grundlage für die «Nouvelle France», den französischen Kolonialbesitz in Nordamerika.

Vor diesem Hintergrund schien es nur schwer vorstellbar, dass die zweite Hälfte des 16. Jahrhunderts von einer beispiellosen inneren Verfeindung, von schier unaufhörlichen Bürgerkriegen, Attentaten, Massakern und Königsmord gekennzeichnet sein würde. Ausgangspunkt dieser tiefen Krise war die Reformation, deren erste Anzeichen in der Regierungszeit Franz I. sichtbar geworden waren. Wie in anderen europäischen Ländern war auch in Frankreich der Wunsch, mit Missständen in der Kirche aufzuräumen, das biblische Schrifttum den Menschen näherzubringen und das Verhältnis der Menschen zu Gott neu zu überdenken, zunächst auf fruchtbaren Boden gestoßen. Was Luther für Deutschland geleistet hatte, indem er die Bibel in die Landessprache übersetzte, hatte der Humanist Jacques Lefèvre d'Etaples für Frankreich unternommen, als er 1523 eine erste Übersetzung des Neuen Testaments herausbrachte. Auch in Frankreich wirkte Luthers Lehre von der ausschließlichen Rechtfertigung des Christen durch den Glauben anziehend auf die von Schuldgefühlen und Höllenängsten geplagten Menschen, denen so ein neuer Weg zur göttlichen Gnade versprochen wurde. Zu einer ersten Repressionswelle mit Inquisitionsprozessen und Exekutionen kam es 1534, nachdem Anhänger der Reformation den Gottesdienst und die Sakramente verdammt hatten.

Es war dem Einfluss von Jean Calvin zu verdanken, dass der französische Protestantismus zu einer Massenbewegung wurde. Dieser aus der Picardie stammende Theologe war nach 1534 in die Schweiz geflohen und hatte dort sein Hauptwerk «Institution de la religion chrétienne» veröffentlicht. Darin hatte er die Idee der Prädestination des Menschen vertreten: Nach seiner Auffassung hatte Gott ein für alle Male vorherbestimmt, welche Menschen zu den Erwählten gehörten und welche der ewigen Verdammnis anheimfallen würden. Weder gute Werke noch die Messe und die Verehrung von Heiligen vermochten daran irgendetwas zu ändern. Zur Verbreitung seiner Lehre gründete Calvin in Genf eine Akademie, deren Schüler in mehrere Länder Europas ausgesandt wurden. Zwischen 1556 und 1562 kamen so 98 Missionare nach Frankreich, die in verschiedensten Landesteilen die Lehren des Reformators verkündeten. In den 1560er Jahren bekannten sich ca. zwei Millionen Franzosen und damit etwa 10 Prozent der Bevölkerung zur calvinistischen Lehre. Die Mehrzahl der Protestanten war in dem sogenannten «reformierten Halbmond» angesiedelt, einer Region, die sich von La Rochelle an der Atlantikküste über den Südwesten bis hin zu den südlichen Ausläufern des Zentralmassivs hinzog. Die Protestanten wurden nun vermehrt als «huguenots» (Hugenotten) bezeichnet; ein Begriff, der vermutlich aus dem alemannischen Wort für «Eidgenossen» hervorgegangen war. Im Jahre 1559 formulierten sie in der «Konfession von La Rochelle» die Grundprinzipien ihrer Glaubensrichtung.

Entscheidend für die weitere Entfaltung des Protestantismus war die Haltung des Königtums: War es bereit, die Existenz von zwei unterschiedlichen Versionen des Christentums auf französischem Boden zu dulden? Kaum hatte die Verbreitung des Calvinismus im Lande begonnen, erlitt die Monarchie einen fatalen Schlag: König Heinrich II. war 1559 bei einem Turnier ums Leben gekommen. Der Thronfolger Franz II. war erst 14 Jahre alt, so dass fortan dessen Mutter Katharina von Medici die Regentschaft übernahm. Ihr Hauptinteresse galt der Bewahrung und Verteidigung der Monarchie als Garant der nationalen Einheit in einer sich immer stärker ausbreitenden Glaubensspaltung unter den Franzosen. Doch verfocht sie dabei unterschiedliche Strategien: Zunächst vertraute sie die Regierungsgeschäfte den Guise, einer lothringischen Adelsfamilie und Verfechtern einer harten Haltung gegenüber den Protestanten, an. Nach dem Tod des jungen Königs (1560) änderte sie aber ihre Einstellung und berief mit Michel de l'Hospital einen Vertreter der friedlichen Koexistenz zwischen den Religionen zum Kanzler. Das Edikt von Saint-Germain-en-Laye (1562) erkannte die Gewissenfreiheit der Menschen sowie die Existenz verschiedener Konfessionen an und gewährte den Protestanten das Recht, unter gewissen Vorgaben ihren Glauben zu praktizieren. Doch inzwischen waren die Auseinandersetzungen zwischen beiden religiösen Parteien immer stärker durch Gewalt geprägt, so dass das Edikt nicht befolgt wurde und die Logik des Krieges die Oberhand gewann. Dabei richtete sich die protestantische Gewalt vor allem gegen die Symbole der traditionellen Religionspraxis wie Klöster, Kreuze, Heiligendarstellungen und Reliquien, während die militanten Katholiken bereit waren, gegen alle Bürger vorzugehen, die nicht vom Protestantismus abschwören wollten.

Die bewaffneten Auseinandersetzungen zwischen Frankreichs religiösen Parteien können nicht losgelöst vom europäischen Kontext betrachtet werden. So hatten die Reformierten in den Niederlanden 1566 einen großangelegten Bildersturm organisiert, der sich über das ganze Land zog und den Auftakt zu einem Aufstand gegen die habsburgische Herrschaft bildete. Protestanten in den Niederlanden und in Frankreich sagten sich gegenseitige Unterstützung zu, während der reformierte Pfalzgraf Johann Kasimir ebenfalls bereit war, seinen französischen Glaubensbrüdern Beistand zu leisten. Unterdessen fürchtete der spanische König Philipp II. nichts mehr als die Ausbreitung des Protestantismus und war bereit, zwecks seiner Bekämpfung in Frankreich einzugreifen. So kam es in den acht zwischen 1562 und 1598 ausgetragenen Bürgerkriegen immer wieder zu ausländischen Interventionen, welche die Verfeindung zwischen den Franzosen noch verschärften.

Das zentrale Ereignis dieser Periode war die Bartholomäusnacht im Jahre 1572, eines der schlimmsten Massaker der französischen Geschichte, für das die Monarchie zumindest teilweise Verantwortung trug. Den Anlass für den Gewaltausbruch bildete die Hochzeit von Margarete, der Tochter Katharina von Medicis, mit dem reformierten Herzog Heinrich von Navarra, die eigentlich die Versöhnung zwischen den Konfessionen hatte befördern sollen. Zu den Feierlichkeiten waren zahlreiche Hugenotten in die Hauptstadt gekommen, was unter der antiprotestantischen Pariser Bevölkerung zu Spannungen führte. Der Mordanschlag eines Katholiken auf Graf Coligny, den Anführer der Reformierten, entzündete die Gewalt. Wie ein Lauffeuer verbreitete sich das Gerücht, dass die Protestanten nun in einer Gegenaktion Paris angreifen und womöglich die Monarchie unter ihre Kontrolle bringen wollten. Im königlichen Rat wurde der Entschluss gefasst, einige ausgewählte führende Reformierte in einer Art Präventivschlag zu töten, um so einem möglichen Aufstand ihre Leitfiguren zu entziehen. Dies bildete den Auftakt für ein unkontrolliertes, vom Zorn radikaler Katholiken angetriebenes dreitägiges Massaker an den Hugenotten, dem mehrere Tausend Menschen zum Opfer fielen. Als die Nachricht von den Pariser Ereignissen in die Provinz gelangte, kam es in zwölf Städten, darunter in Lyon, Toulouse und Bordeaux, ebenfalls zu massenhaften Tötungen von Reformierten.

Die Massaker des Sommers 1572 bleiben mit ihrer hohen Opferzahl (wahrscheinlich weit mehr als 10 000 Getötete in nur wenigen Tagen) in der Geschichte der europäischen Reformation einzigartig. Für die Protestanten bedeuteten sie nicht nur den Verlust ihrer politisch-religiösen Führung und einer großen Anzahl von Gläubigen, sondern auch eine Zäsur in ihrem Verhältnis zur Monarchie, die sich bislang als Vermittlerin in den konfliktreichen religiösen Beziehungen begriffen hatte. In der Bartholomäusnacht hatte sich das Königtum zum Verbündeten der radikalen Katholiken gemacht, die ihrerseits gegenüber den Protestanten ungeheuer brutal vorgegangen waren. Die reformierte Partei sah die ihnen entgegenschlagende Feindschaft als einen Aufruf dazu, sich in den ihr verbliebenen Hochburgen Nîmes, Montauban und La Rochelle noch besser zu organisieren. Einem Staat im Staate gleich, stellte sie ein stehendes Heer auf. Die Vertrauensbildung zwischen den religiösen Parteien wurde so immer unmöglicher und die Fortsetzung des Bürgerkriegs unvermeidlich.

Dieser trat 1584 in seine letzte, längste und destruktivste Phase ein, als sich erneut die Frage der königlichen Nachfolge stellte. In diesem Jahr war der jüngste Bruder des kinderlosen Königs Heinrich III. verstorben; nach dem Ableben des Königs würde nun die Krone an Heinrich von Navarra, den reformierten Schwager des Monarchen, fallen. Diese Vorstellung versetzte die militanten französischen Katholiken in Panik. Unter der Führung der Guise gründeten sie eine «heilige Liga», die sich im Bündnis mit Spaniens König Philipp II. zunächst nur gegen die Reformierten und ihre ausländischen Verbündeten, dann aber auch verstärkt gegen den Monarchen richtete, dem eine zu schwache Haltung gegenüber dem Protestantismus vorgeworfen wurde. Nicht nur versank Frankreich nun immer mehr in Anarchie, auch wurde die Autorität des Königtums in bisher ungekannter Weise infrage gestellt. Unter hugenottischen Denkern, später dann auch unter katholischen Autoren im Umfeld der Liga entstand die Strömung der «Monarchomachen» (griechisch für «Bekämpfer des Alleinherrschers»), die philosophisch begründeten, wie ein Macht missbrauchender König abgesetzt oder gar umgebracht werden konnte. Als König Heinrich III. 1589 von einem Dominikanermönch getötet wurde, priesen verschiedene Stimmen diese Tat als legitimen Mord an einem Tyrannen.

Der reformierte Heinrich IV. (von Navarra) stand nun vor der äußerst schwierigen Aufgabe, den Bürgerkrieg zu beenden und seinen Anspruch auf die Königsherrschaft durchzusetzen. Sein hartnäckigster Rivale dabei war Spaniens Philipp II., der niemand anderes als seine eigene Tochter auf den französischen Thron bringen wollte. Trotz einiger militärischer Erfolge konnte jedoch erst die Ankündigung Heinrichs, zum Katholizismus zu konvertieren, den Adel mehrheitlich auf seine Seite bringen und ihn in den Augen vieler Franzosen zum legitimen Herrscher machen. Als er 1593 in der Kirche von Saint-Denis seine Konversion feierte, opferte Heinrich seinen Glauben der Staatsräson. Mit dem Edikt von Nantes (1598) unternahm er den Versuch, das Zusammenleben der Konfessionen auf neue Fundamente zu stellen: Den Protestanten wurden praktisch die gleichen Bürgerrechte wie ihren katholischen Mitbürgern sowie eine Vertretung in den Gerichtshöfen eingeräumt. Der König sagte den Hugenotten nicht nur die Finanzierung ihrer Geistlichen zu, sondern auch militärische Protektion in mehr als 50 «sicheren Orten». In ihren Hochburgen wie La Rochelle, Montauban und Nîmes durften sie sich selbst militärisch verteidigen. Um die Verbreitung der reformierten Religion zu unterbinden, blieb indessen ihre Praxis auf die Orte beschränkt, wo sie sich damals bereits etabliert hatten. Das Edikt verordnete, dass die Erinnerung an die einander zugefügten Untaten ab sofort ausgelöscht sei. Doch handelte es sich um einen prekären Frieden: Das Papsttum und mit ihm der katholische Klerus verurteilten das Prinzip der religiösen Toleranz; die konfessionellen Parteien misstrauten sich weiterhin zutiefst, und viele Menschen blieben nach wie vor davon überzeugt, dass zu einer Alleinherrschaft wie dem französischen Königtum auch ein einheitlicher Glaube gehöre.

V. Absolute Monarchie und Aufklärung (1624–1789)

Inmitten der chaotischen Wirren des ausgehenden 16. Jahrhunderts hatte der Philosoph Jean Bodin die Vision eines idealen, stabilen und befriedeten Staats entworfen, dessen Regierung über den Parteiungen stehe und sich nicht zu deren Opfer machen lasse. Nach seiner Auffassung bedurfte der Staat eines «Souveräns», verstanden als dessen «absolute und dauerhafte Gewalt». Der Souverän sei nur den Gesetzen Gottes und der Natur unterworfen, aber nicht an diejenigen gebunden, die er selbst erlasse. Aus Bodins Vision einer Herrschergewalt, die losgelöst von den Gesetzen war *(potestas legibus soluta)*, entstand später der Begriff des Absolutismus, der einer ganzen Epoche den Namen gegeben hat.

Während der jahrzehntelangen Bürgerkriege hatte die Monarchie es immer weniger vermocht, die Gewaltbereitschaft der Konfliktparteien einzuhegen und sich als höchster politischer Autorität Respekt zu verschaffen. In seiner Regierungszeit versuchte Heinrich IV. diese Tendenz umzukehren und die Monarchie gegenüber dem erstarkten Adel, den Städten und anderen Zwischengewalten zu festigen. Auch bemühte er sich darum, das wirtschaftlich daniederliegende Frankreich wieder aufzubauen, Handwerk, Manufaktur und Handel zu stärken. Doch wie sein Vorgänger fiel Heinrich IV. einem Mordanschlag zum Opfer, er wurde am 16. Mai 1610 von einem radikalen Katholiken auf offener Straße in Paris erstochen.

Wiederum schuf die Tatsache, dass der Thronfolger minderjährig war, Instabilität; wiederum war es in der Person von Maria von Medici die Witwe des verstorbenen Königs, die die Regentschaft übernahm. 1614 wurden die Generalstände einberufen, in denen gegensätzliche Vorstellungen von der Zukunft des Landes auftraten: Die alte Aristokratie (die «noblesse d'epée») trat für eine Rückkehr zu feudalen Zuständen, zu einer weitgehenden Kontrolle der Monarchie durch den Hochadel ein. Inzwischen aber war aus dem Dritten Stand eine neue Elite hervorgegangen, deren Angehörige an den Gerichtshöfen, im Militär und in der Verwaltung zu Einfluss gekommen waren und die ihre Ämter käuflich erworben bzw. geerbt hatten. Sie hatten kein Interesse daran, die Position des Schwertadels zu stärken, und sahen in der Monarchie vielmehr die Quelle ihres eigenen Aufstiegs. Blockiert zwischen diesen konträren Interessen, verpassten die Generalstände die Chance, das Königreich in ein repräsentatives System zu verwandeln. Bis 1789 sollten sie nicht mehr einberufen werden.

Das Frankreich des Kardinal Richelieu

Nach einer zehnjährigen Periode der Unsicherheit gelangte ein neuer «starker Mann» an die Regierungsspitze Frankreichs, der den Aufbau der absoluten Monarchie entschlossen vorantreiben sollte: Kardinal Armand Jean du Plessis de Richelieu. Als «Erster Minister» nahm er eine bislang unbekannte Schlüsselposition ein, von der aus er die französische Politik unter König Ludwig XIII. über fast zwei Jahrzehnte weitgehend gestaltete. Innen- und Außenpolitik waren in seinem Handeln auf das Engste miteinander verschränkt mit dem Ziel, die Einheit Frankreichs zu stärken, die Autorität des Staates und dessen Macht im internationalen System zu vergrößern.

Die Spannungen zwischen den religiösen Parteien hatten sich seit dem Edikt von Nantes immer weiter verschärft. So hatte sich der Katholizismus unter den Vorzeichen der Gegenreformation erneuert, die Ausbildung der Kleriker verbessert und seinen Einfluss auf die Gesellschaft erhöht. Eine wichtige Rolle spielten dabei Orden wie die Jesuiten, die in Frankreich Dutzende von Schulen gründeten, und die Kapuziner, die sich als Missionare in protestantisch geprägten Gegenden betätigten. Katholische Geistliche erwarben sich hohes Ansehen, indem sie sich wie Vinzenz von Paul den Armen und Kranken widmeten oder wie Franz von Sales eine weitverbreitete «Anleitung zum frommen Leben» verfassten. Vom Elan der Gegenreformation zeugen auch die damals in der Bretagne errichteten Kalvarienberge, die der Landbevölkerung die Botschaft der Bibel nahebringen sollten. Für die wiederbelebte Kirche war die staatlich geschützte Präsenz des Protestantismus ein permanentes Ärgernis, ebenso wie die Existenzängste der Hugenotten durch das Erstarken des Katholizismus wuchsen. Als Ludwig XIII. die protestantische Grafschaft Béarn mit Waffengewalt unter seine Kuratel stellte, sahen zahlreiche Hugenotten die Stunde gekommen, sich politisch-militärisch zu organisieren und präventiv gegen den befürchteten Generalangriff auf ihre Religion vorzugehen. Dass sie ihre eigenen repräsentativen politischen Versammlungen abhielten, Münzen prägten und überdies England als Schutzmacht anriefen, bestärkte Richelieu allerdings darin, mit der protestantischen Sonderrolle insgesamt Schluss zu machen. Den Höhepunkt seines militärischen Vorgehens gegen die Hugenotten bildete die einjährige Belagerung von La Rochelle, der Hauptstadt ihres Widerstands. 1628 fiel die stolze Festung, nachdem 15 000 Bewohner der Stadt zumeist an Hunger gestorben waren. Die geschwächten Hugenotten hatte keine andere Wahl, als sich mit dem «Gnadenerlass von Alès» abzufinden: Zwar blieb die religiöse Toleranz bestehen, doch mussten sie fortan ihre militärisch geschützten «sicheren Orte» aufgeben und waren auf Gedeih und Verderb von dem Wohlwollen der Monarchie abhängig.

Richelieu ging nun daran, die Zentralisierung der Verwaltung voranzutreiben. Nach seiner Auffassung setzten die Amtsträger in den Provinzen die königliche Gesetzgebung viel zu schleppend um und kamen mit der Eintreibung der Steuern nicht hinterher. Um die Effizienz zu erhöhen, schickte er königliche Sonderbeauftragte, die sogenannten «Intendanten» in die Provinzen. Diese sollten sicherstellen, dass die Schlüsselaufgaben des Staates – Justiz, Polizei, Steuerwesen – gut erledigt wurden, und notfalls selbst eingreifen, wenn dies nicht der Fall war. Sein Hauptinteresse galt dabei der Vermehrung der Staatseinnahmen, um die Kriegsführung zu finanzieren. Auf diese Weise wurde aus der außerordentlichen Funktion der Intendanten ein permanentes Instrument der administrativen Zentralisierung. Letztere hatte ebenso zur Folge, dass die Zwischengewalten des Königreichs immer mehr an Bedeutung verloren. Nicht nur wurden die Generalstände nicht mehr einberufen, auch die Ständeversammlungen der Provinzen und die lokalen Gerichtshöfe konnten immer weniger ihre Rolle ausüben, ein Gegengewicht gegen die Vollmachten des Königs zu bilden.

Zum Aufbau des absoluten Königtums gehörte auch die Bekämpfung jeglicher Opposition und Machtkonkurrenz. So ging der Kardinal mit exemplarischer Grausamkeit gegen Intriganten am Hofe Ludwigs XIII. vor, die sich um dessen eigenen Bruder gesammelt hatten. Ebenso wandte sich Richelieu gegen die Anhänger der sogenannten «devoten Partei», die alles politische Handeln dem Kampf gegen die Reformation unterordnen wollten. Mit Richelieu triumphierte zwischen hugenottischem Sonderbewusstsein und eiferndem, radikalem Katholizismus die Partei der Staatsräson, die man auch die «Politiques» nannte und die den höheren Staatsinteressen bei allen Entscheidungen den Vorrang einräumte.

Die inneren Konsolidierungsmaßnahmen dienten auch und vor allem dem Ziel, den Staat besser auf Kriege vorzubereiten. Richelieu sah sein Land in einem unabwendbaren Konflikt mit Spanien, das im Bündnis mit den österreichischen Habsburgern nach einem Universalreich strebe und die Freiheit aller anderen Staaten gefährde. Frankreich drohte nach seiner Auffassung die Umklammerung, denn nicht nur die gesamte Iberische Halbinsel, sondern auch Mailand, Neapel, die Franche-Comté und Flandern standen unter spanischer Herrschaft. Nachdem der spanisch-französische Gegensatz zunächst in Norditalien ausgetragen worden war, führte Richelieu sein Land 1635 in den Dreißigjährigen Krieg. Der Krieg, der seit 1618 im Heiligen Römischen Reich zwischen protestantischen und katholischen

Ständen tobte, war aus der Perspektive des Kardinals kein religiöser Konflikt. Vielmehr ging es um die Vorherrschaft in Europa; und die Interessen Frankreichs geboten es ihm, sich auf die Seite der protestantischen Staaten gegen das habsburgische Hegemonialstreben zu stellen. Der Westfälische Friede bedeutete auf diesem Wege einen Erfolg, insofern er die Souveränität der Reichsstände stärkte, die Rolle des Kaisers schwächte und Frankreich eine Reihe von Bastionen an der Rheingrenze sicherte. Der Konflikt mit Spanien allerdings dauerte noch an und fand sein Ende erst mit dem Frieden von 1659, der die Gebirgskette der Pyrenäen als Grenze zwischen den beiden Konkurrenten definierte.

Die französische Bevölkerung zahlte für die jahrzehntelangen Kriege einen sehr hohen Preis. Die Steuern verdoppelten, ja verdreifachten sich und wurden zu einer Belastung, der sich viele Menschen nicht mehr gewachsen sahen. Hinzu kamen wirtschaftliche Nachteile durch den Konflikt mit Spanien, Ernährungskrisen sowie erneute Ausbrüche der Pest und anderer Epidemien. Angesichts einer fortschreitenden Verelendung wuchsen Zorn und Unzufriedenheit in der Bevölkerung. Ausgerechnet in der Regierungszeit Richelieus, dem es so sehr an der Einheit der Monarchie gelegen war, begehrten wie selten zuvor die Menschen in den Provinzen und Städten auf. Doch waren diese Aufstände nur der Auftakt zu dem großen, äußerst destruktiven Bürgerkrieg, der nach dem Tod von König Ludwig XIII. (1643) ausbrechen sollte.

Von der «Fronde» zur Alleinherrschaft Ludwigs XIV.

Ausgangspunkt der Krise war erneut eine Phase der Unsicherheit an der Staatsspitze: Ludwig XIV. war als Kind auf den Königsthron gekommen; an seiner Stelle verfügte der aus Italien stammende Premierminister Kardinal Mazarin über die Staatsgeschäfte. Verschiedene Akteure wollten diese Situation ausnutzen, um den unter Richelieu erzielten Machtgewinn der Monarchie rückgängig zu machen und dem Staat eine andere Gestalt zu geben. Die vielschichtige, als die «Fronde» bekannt gewordene Aufstandsbewegung begann mit dem «Parlement» von Paris, der höchsten gerichtlichen Instanz des Landes. Der Gerichtshof forderte die Richter in den Provinzen auf, gemeinsam gegen den wahrgenommenen Machtmissbrauch der Krone vorzugehen, die Intendanten abzuschaffen und eine von repräsentativen Körperschaften eingehegte Monarchie zu bilden. Die unter der Steuerlast leidende Pariser Bevölkerung machte sich daraufhin die Forderungen der Richter zu eigen, errichtete Barrikaden und zwang den Königshof dazu, die Hauptstadt zu verlassen. In einer nächsten Phase erhoben sich die Fürsten des Hochadels gewaltsam gegen den Premierminister Mazarin, mit dem Ziel, zu früheren Zuständen zurückzukehren, als der Monarch die Aristokratie noch an den Regierungsgeschäften hatte teilhaben lassen. Die letzte Phase der «Fronde» war vornehmlich das Unternehmen einer einzelnen Gestalt, nämlich des Prinzen Condé, der sich mit Spanien verbündete, um seinen persönlichen Machtanspruch durchzusetzen. Die Fronde scheiterte daran, dass ihre heterogenen Akteure – Gerichtshöfe, Pariser Bevölkerung, Hochadel – zwar ein gemeinsamer Gegner, aber keine gemeinsame Zukunftsvorstellung vom französischen Staat verband.

Für Ludwig XIV. war die existentielle Krise der Fronde mit seiner demütigenden Flucht aus Paris eine traumatische Jugenderfahrung. Nach dem Tod des Premierministers Mazarin 1661 nahm er den Umbau der Monarchie in eine möglichst unumschränkte Alleinherrschaft in Angriff. Fortan wurde kein Premierminister mehr nominiert; der König selbst übernahm die Regierungsgeschäfte. Die persönliche Herrschaft Ludwigs XIV. bedeutete allerdings keineswegs, dass die Eliten künftig zur Machtlosigkeit verurteilt waren. Unter ihnen ragten einige Persönlichkeiten heraus, die einen großen Einfluss auf die Geschicke des Königreichs auszuüben vermochten: An erster Stelle ist hier Jean-Baptiste Colbert (1619–1683) zu nennen, der als Finanzminister die Wirtschaftspolitik Frankreichs gestaltete. Nach seiner Auffassung musste der Staat fördernd und ordnend in das Wirtschaftsleben eingreifen, um die höheren politischen Interessen des Landes zu bedienen. Frankreichs Kolonien in Amerika sollten besser entwickelt werden, um deren reiche Ressourcen für die heimische Wirtschaft nutzbar zu machen. 1664 gründete er die Französische Westindienkompanie, die vorerst das Handelsmonopol mit den Besitzungen in Nordamerika und den Antillen innehatte. Die heimische Manufaktur sollte angekurbelt werden, um kostspielige Importe zu vermindern und so den Abfluss von Edelmetallen wie Gold und Silber zu unterbinden. Der Staat verschärfte massiv seine Kontrolle über Handel und Handwerk, erließ für jeden Berufszweig eine Ordnung und machte somit den Zugang zu einem Metier zu einem staatlich gewährten Privileg. Des Weiteren trieb Colbert den Ausbau des Straßennetzes, der Wasserwege und der Häfen voran.

Die staatlich betriebene wirtschaftliche Modernisierung diente erneut nicht zuletzt dazu, das Land besser für die Kriegsführung zu rüsten. Das Militär benötigte ständig Güter wie Textilien, Schiffe, Waffen und Munition, wodurch wiederum Aufträge für Manufakturen und Werften entstanden. Die Organisation des Kriegswesens lag in den Händen zweier einflussreicher Politiker: Marquis de Louvois reorganisierte ab 1667 als Kriegsminister das französische Heer, brachte Disziplin in das Offizierskorps und mobilisierte die Bevölkerung für die Kriege des Königs, während die Verteidigung des Territoriums in den Händen von Sebastien Le Prestre de Vauban lag. Dem König hatte Vauban geraten, sein «Revier abzustecken» und die Grenzen seiner Souveränität mit uneinnehmbaren Befestigungsanlagen sichtbar zu machen. So entstanden an den Küsten des Landes, insbesondere aber an seiner Ostgrenze riesige Zitadellen, die bis heute den Anblick von Städten wie Brest, Toulon und Arras prägen. Colbert, Louvois, Vauban und andere führende Politiker waren in ihrem Handeln keineswegs nur uneigennützige Staatsdiener. Vielmehr nutzten sie ihre Leitungspositionen, um ein breites Netz von Familienmitgliedern und Getreuen mit Ämtern, Aufträgen und Privilegien zu versorgen. Indem die Mächtigen ihren Gefolgsleuten Vorteile verschafften, banden sie diese aber auch an den König und stabilisierten seine Herrschaft. Patronage, Klientelstrukturen und Nepotismus begleiteten somit den Prozess des Aufbaus einer absoluten Monarchie.

Die Kriegsführung war die oberste Priorität des «Sonnenkönigs». Ab 1667 führte er mehr oder weniger ununterbrochen gegen verschiedene Mächte Krieg, wobei seine Motivationen vielfältig und teils widersprüchlich waren: Vorrangig ging es ihm darum, seinen Machtbereich auszuweiten, das Territorium seines Staats abzurunden und die «natürlichen Grenzen» Frankreichs zu sichern. Letzterer Begriff war mit dem Pyrenäenfrieden von 1659 aufgekommen, als sich die beiden Großmächte darauf geeinigt hatten, ihre Grenze entlang des Gebirgskamms der Pyrenäen zu ziehen. Das Konzept der «natürlichen Grenzen» gab aber keine eindeutige Antwort darauf, bis wohin das Land im Nordosten expandieren sollte. Für Vauban etwa standen Frankreich alle Territorien des «alten Gallien» zu, «begrenzt von den Gipfeln der Alpen, des Jura, der Schweiz, der Pyrenäen, vom Rhein und von den beiden Meeren». Während dieser dazu aufrief, niemals «diese Schranken, aus welchem Grund auch immer, zu überschreiten», gingen die kriegerischen Ambitionen Ludwigs XIV. immer wieder über die solchermaßen definierten «natürlichen» Landesgrenzen hinaus. Dafür liefern etwa die Kampagnen in Holland in den Jahren 1672/73 sowie die Invasionen in der Pfalz 1674 und 1688/89 Beispiele. Denn faktisch führte der König nicht nur um territoriale Ziele Krieg, sondern auch, um seinen Ruhm und seine Feldherrenehre zu mehren. Damit erschwerte er aber auch die Aufgabe, einmal erzielte Eroberungen zu stabilisieren und in das nationale Territorium einzuverleiben.

Die Kriege Ludwigs XIV. waren daher für Frankreich kaum gewinnbringend: Die dauerhaften territorialen Zugewinne beschränkten sich weitgehend auf das Elsass, die Franche-Comté und das südliche Flandern um Arras, Tournoi und Lille. Doch zahlte Frankreich für diese bescheidenen Gebietsgewinne erneut, wie schon zu Zeiten Richelieus, einen enorm hohen Preis und bewegte sich am Rand des Ruins. Wie nie zuvor musste die französische Bevölkerung die Kriege des Königs unterstützen: So hatte Louvois im Jahre 1688 das System der sogenannten «Miliz» geschaffen, das einen verpflichtenden Wehrdienst auf der Basis eines Losverfahrens vorsah. Auf ihrem Höhepunkt umfasste die Armee Ludwigs XIV. 450 000 Soldaten; über seine gesamte Regierungszeit zog der König ca. 1,2 Millionen Franzosen für den Dienst in seinen Kriegen ein. So wurde die Bevölkerung auf ähnlich starke Weise mobilisiert wie später zu Zeiten der napoleonischen Kriege. Die hohen Opfer, die den Franzosen abverlangt wurden, schufen Unzufriedenheit und setzten den König verstärkt der Kritik aus. «Das Volk, das Sie einst so liebte, das so viel Vertrauen in Sie hatte, verliert mehr und mehr die Freundschaft, das Vertrauen, ja selbst den Respekt», schrieb der Erzbischof und Schriftsteller François Fénelon 1694 an den König.

Ludwigs Kriege trugen aber auch dazu bei, ein Gemeinschaftsgefühl unter den Menschen zu schaffen. Wenn man auch noch weit von einer nationalen Identität oder einer Staatsbürgergesellschaft im modernen Sinne entfernt war, ließen die Verbreitung des Militärdiensts, die gemeinsam ausgehaltenen Entbehrungen und Zumutungen unter den Franzosen das Bewusstsein wachsen, dass sie als Untertanen auf Wohl und Wehe gemeinsam einem Souverän unterstanden. Der König setzte alles daran, eine solche Untertanenidentität zu verstärken: Im ganzen Reich wurde das Bildnis des Herrschers verbreitet, sei es als Standbilder, Büsten, Porträts, auf Medaillen oder in Broschüren. Frankreich sollte als konsolidiertes, geschlossen einem Herrscher unterstehendes Land erscheinen. Ein wichtiges Instrument dabei war das Französische, das nicht nur als die Sprache des Monarchen, sondern auch einer ganzen Zivilisation und Nation Verbreitung finden sollte. Hatte Richelieu bereits 1634 die «Académie française» ins Leben gerufen, um die Sprache zu vereinheitlichen und zu kodifizieren, so setzte Ludwig XIV. diese Bemühungen fort, indem er große Literaten förderte.

Auch die Religionsausübung war vom Vereinheitlichungseifer des Monarchen betroffen. Es erschien ihm zunehmend unerträglich, dass ein signifikanter Teil der Bevölkerung nicht seiner eigenen, katholischen Glaubensrichtung angehörte. Auf den Ausschluss der Protestanten von öffentlichen Ämtern ab 1679 folgte deren systematische Einschüchterung, wodurch sie zur Konversion gezwungen werden sollten. 1685 dann machte er Schluss mit der religiösen Toleranz, die Heinrich IV. eingeführt hatte. Gemäß dem Edikt von Fontainebleau mussten die Reformierten entweder konvertieren oder aber das Land verlassen, was diese in großen Zahlen (vermutlich um die

200 000 Menschen) taten. Diese gingen nach England, Holland, die Schweiz und nach Brandenburg-Preußen, wo sie mit ihren Kenntnissen und ihrem Arbeitsethos den wirtschaftlichen Fortschritt beförderten. Für Frankreich hingegen bedeutete das Exil der Protestanten nicht nur einen empfindlichen demographischen Schwund, sondern auch den Verlust einer gut ausgebildeten, teils sehr vermögenden und wirtschaftlich bedeutenden Bevölkerungsschicht.

1682 hatte Ludwig XIV. mit seinem Hof die Hauptstadt verlassen und war in das neuerrichtete Schloss von Versailles gezogen, dessen Architektur und Bildprogramm seinen Ruhm als Herrscher und Feldherr von universeller Bedeutung priesen. Fortan befand er sich somit in einem nur für ihn errichteten Kosmos, dessen soziale Beziehungen sich um seine Person drehten. Versailles zog den Adel an, der in seinem Streben nach Ansehen und Einfluss die Nähe des Souveräns suchte, sich aber den festen höfischen Ritualen und Verhaltensnormen unterwerfen musste. Auf diese Weise erfüllte Versailles nicht nur die Funktion, den Adel zu zähmen, sondern auch auf die gesamte Gesellschaft zivilisierend auszustrahlen und ihre Sitten zu disziplinieren. Das Ziel dabei war, das Land im Innern zu befrieden, fest verankerte Praktiken wie das Duell auszumerzen und die allgegenwärtige Gewalt zu vertreiben. Zumindest in der notorisch unruhigen Hauptstadt Paris ging es unter Ludwig XIV. merklich friedlicher zu, doch gibt es wenig Anzeichen dafür, dass im Rest des Landes die Gewalttätigkeit ab- und die staatliche Präsenz zunahm.

Die Hofkultur Ludwigs XIV. strahlte auf ganz Europa aus und fand in den verschiedensten Fürstenhäusern Nachahmer, womit Frankreich einen zuvor nie gekannten kulturellen Einfluss erlangte. Doch stand dem ein starker politischer Ansehensverlust entgegen, den Frankreich aufgrund der jahrzehntelangen Expansionspolitik des «Sonnenkönigs» erlitt. In benachbarten Ländern, insbesondere in den Niederlanden und im Reich, galt Frankreich vielen Menschen nun als «räuberische» Nation, die ohne Rücksicht auf die Bevölkerung verbrannte Erde hinterließ. Überdies blieb Frankreich die angestrebte politische Hegemonie über den Kontinent verwehrt. Am Ende der Regierungszeit Ludwigs XIV. stand vielmehr ein kontinentaleuropäisches Gleichgewichtssystem, in dem verschiedene Staaten, darunter neue Akteure wie Brandenburg-Preußen und Savoyen, eine Rolle spielten. Und einer der großen Gewinner der Kriege Ludwigs war England, das sich mit Stützpunkten wie Gibraltar und Menorca als führende Seemacht etablieren konnte. Mit dem Frieden von Utrecht (1713) konnte sich England den «asiento de negros», das Monopol über den transatlantischen Sklavenhandel mit Spanisch-Amerika, sichern und hatte damit im globalen Machtgefüge einen klaren Vorsprung vor Frankreich.

Ein aufgeklärtes Zeitalter?

«Ich habe den Krieg zu sehr geliebt», sollen die letzten Worte Ludwigs XIV. gewesen sein, als er 1714 verstarb. Er hinterließ ein von starken Widersprüchen gekennzeichnetes Land: Zwar war Frankreich mit ca. 24 Millionen Einwohnern der bei weitem bevölkerungsreichste Staat des Kontinents, der seinen Anspruch auf Macht und eine europäische Führungsrolle nicht nur militärisch, sondern auch symbolisch durch die einzigartige Prachtentfaltung von Versailles geltend machte. Doch die Expansions- und Prestigepolitik des Königs hatte nicht nur den Staat in den finanziellen Ruin getrieben, sondern auch der Landbevölkerung Armut und Ernährungskrisen beschert. Frankreich war zwar absolutistisch in dem Sinne, dass der Machtvollkommenheit des Königs wenig Grenzen gesetzt waren. Jedoch stand dem Monarchen keineswegs eine Gesellschaft gleicher Untertanen gegenüber. Vielmehr war diese von Privilegien und tiefen sozioökonomischen Ungleichheiten gekennzeichnet. So lasteten die stetig wachsenden direkten und indirekten Steuern ganz überwiegend auf den Landwirten; Geistliche, Adlige, Bürger und Offiziere hingegen waren von der Besteuerung weitgehend ausgenommen, hatten aber die Führungspositionen des Landes inne.

Nicht nur die Ständeordnung trennte die Bevölkerung, auch der Gegensatz zwischen Land und Stadt spaltete Frankreich.

Etwa 80 Prozent der Franzosen lebten auf dem Land in einer sich nur ganz langsam verändernden Gesellschaft. Die ca. 14 Millionen Bauern betrieben weitgehend Subsistenzwirtschaft; sie waren zum Teil Eigentümer ihrer Ländereien, zum Teil mussten sie dafür Abgaben an die feudalen Grundherren leisten. Hingegen war das Frankreich der Städte der kleinere, aber dynamischere Teil des Landes, der insbesondere in den Küstenstädten wie Nantes, Bordeaux, Le Havre und Marseille dem internationalen Handel zugewandt war.

Auch unter den Privilegierten hatte die Herrschaft Ludwigs XIV. Unzufriedenheit hervorgebracht, denn die absolute Monarchie hatte ihnen immer mehr Möglichkeiten der politischen Teilhabe genommen und sie in den goldenen Käfig der höfischen Gesellschaft gezwängt. Lediglich die «Parlements», die Gerichtshöfe, boten ihnen noch eine Chance, als eine Art Zwischengewalt die königlichen Vollmachten zu kontrollieren, und wurden so zu einem Ausgangspunkt der Kritik am Absolutismus. Ebenso hatte sich der Monarch mit der erneuten Ausgrenzung des Protestantismus wirkungsvolle Kritiker geschaffen, denn einige seiner Vertreter lancierten nun insbesondere aus dem niederländischen Exil Schriften, welche die religiöse Intoleranz in Frankreich verurteilten und maximale Gedankenfreiheit forderten.

Als Ludwig XV. den Thron bestieg, ernannte er den Kardinal Fleury zum Premierminister und rückte wieder die Rolle der Monarchie als Vorkämpferin für die religiöse Einheit des Landes in den Vordergrund. Die Hauptzielscheibe waren neben den Protestanten nun die «Jansenisten», eine Tendenz innerhalb der katholischen Kirche, die seit dem 17. Jahrhundert in Frankreich Verbreitung gefunden hatte. Sie verkündeten, dass die Ratschlüsse Gottes für die Menschen unerkennbar seien; die Gläubigen könnten sich die göttliche Gnade nicht durch gute Werke erwerben, sondern diese lediglich in Glauben und Andacht erhoffen. Aus der Perspektive des Königtums klangen diese Lehren nach einer Nähe zum Protestantismus und somit als mögliche Quelle der Dissidenz. Eine 1713 verkündete päpstliche Bulle («Unigenitus»), welche die Jansenisten als ketzerisch qualifizierte, diente als Grundlage, um die Anhänger dieser Strömung systematisch zu bekämpfen. Ihnen blieb nur die Wahl, sich der kirchlichen Lehre zu unterwerfen oder aber das Land zu verlassen.

Die offenkundige religiöse Intoleranz der Monarchie gab wiederum solchen philosophischen Tendenzen Auftrieb, die für Gedankenfreiheit eintraten. Für die Philosophen der Aufklärung war die menschliche Vernunft die wichtigste Instanz, vor der alle weltanschaulichen und religiösen Prämissen Bestand haben mussten. Voltaire und zahlreiche andere Autoren vertraten die Ansicht, dass es eine allen Menschen gemeinsame, natürliche Religion gebe, ebenso wie alle eine naturgegebene Moral teilten. Aus dieser Perspektive war die Aufspaltung in verschiedene Religionen und einander bekämpfende Konfessionen zu verurteilen. Und der Kampf gegen Andersgläubige, wie er in Frankreich seit dem Tod Heinrichs IV. betrieben wurde, sollte nach ihrer Auffassung in einem aufgeklärten Zeitalter endgültig beendet werden.

In der ersten Hälfte des 18. Jahrhunderts beließen es die Philosophen bei einer religiös-moralisch ausgerichteten Kritik und griffen vor allem die Intoleranz der Herrschenden an, befassten sich aber nur wenig mit politischen Fragestellungen. Dies änderte sich erst um die Jahrhundertmitte: So erschien 1748 «De l'esprit des lois» (Vom Geist der Gesetze) von Charles de Montesquieu, eine Art vergleichende Geistesgeschichte und Verfassungslehre vergangener und gegenwärtiger Staaten. Montesquieu enthielt sich darin zwar aller eindeutigen Urteile über die französische Politik, doch war unübersehbar, dass seine Präferenz einer konstitutionellen Monarchie im Stile Großbritanniens galt, wo die Staatsgewalten aufgeteilt und die Befugnisse des Monarchen durch ein starkes, mit Gesetzgebungsbefugnis ausgestattetes Parlament eingehegt waren. Drei Jahre später erschien der erste Band der von Diderot und d'Alembert herausgegebenen «Enzyklopädie», die sich als die Summe der damaligen philosophisch-wissenschaftlichen Erkenntnisse präsentierte. Das große Gemeinschaftswerk der Aufklärungsphilosophen war von einem unbeirrbaren Glauben an den Fortschritt beseelt, der nach ihrer Auffassung alle Bereiche von der Naturforschung, der Welterkenntnis, der Moral bis hin zur Politik und Gesellschaft erfassen solle. Eine wichtige Rolle in der Politisierung der Aufklärung spielte Jean-Jacques Rousseau, dessen Werke einen zutiefst zeitkritischen und zugleich optimistischen Blick auf die gesellschaftlich-politischen Zustände warfen. Die Menschen waren, so behauptete der Genfer Philosoph, von Natur aus frei und gleich, doch hatte die soziale Entwicklung sie in Ungleichheit und politische Versklavung geführt. Jedoch war es nach Rousseaus Auffassung den Menschen möglich, die Tendenz der Geschichte umzukehren, die gesellschaftlichen Zustände fundamental zu verändern und ihre natürliche Freiheit und Gleichheit wiederzuerlangen. Auch die Kritik an Religion und Kirche nahm nun radikalere Züge an: War anfangs unter den Aufklärungsphilosophen der Deismus verbreitet gewesen, so vertraten nun Autoren wie Baron d'Holbach radikal antiklerikale, materialistische und atheistische Positionen.

Die Ideen der Aufklärung verbreiteten sich rasch über das ganze Land, obgleich die Obrigkeit dies zu verhindern suchte. Ungeachtet der Zensur produzierten Drucker im In- und Ausland die Werke der Aufklärungsphilosophen, von denen einige verhaftet und in die Pariser Bastille verbracht wurden. Die Anzahl der Zeitungen nahm im ganzen Land zu; Flugschriften popularisierten die Ideen der Philosophen. Ein ganzes Universum geheimer Literatur zirkulierte in Frankreich, deren Autoren auch den Monarchen nicht von beißender Satire verschonten. Sie kritisierten die Dekadenz des Hofs und das enthemmte Sexualleben des Königs, der dem Einfluss seiner Maitressen wie der Marquise de Pompadour gänzlich unterworfen sei.

So entfaltete sich zeitgleich mit den aufklärerischen Ideen eine neue politisch-geistige Öffentlichkeit, die deren Verbreitung erst ermöglichte. Neue Formen der Geselligkeit verstärkten den Austausch zwischen geistig interessierten Menschen, die sich in Akademien, Salons, Clubs, Cafés und Lesegesellschaften zusammenfanden. Eine zunehmend wichtige Rolle in der Vermittlung aufklärerischen Gedankenguts kam dem ursprünglich aus Großbritannien stammenden Freimaurertum zu. Die Freimaurer traten für eine vernunftgeleitete, humanistische Weltanschauung ein, für die Verbreitung von Werten wie Brüderlichkeit, Gedankenfreiheit und Weltbürgerlichkeit. In den Freimaurerlogen herrschte absolute Geheimhaltung, die sie so zu idealen Orten machte, um unbehelligt von staatlicher Aufsicht über kontroverse Themen zu diskutieren. Ebenso erlaubte es die Geheimhaltung, dass in den Logen die Schranken der Ständegesellschaft keine Gültigkeit hatten und dort Angehörige des Hochadels mit Bürgern völlig frei verkehren konnten. Sie ließen eine Form von Egalität Wirklichkeit werden, die andernorts im Ancien Régime unvorstellbar war.

Ab der Jahrhundertmitte wurde die Herrschaft Ludwigs XV. immer stärker herausgefordert, insbesondere vom Pariser «Parlement» als «primus inter pares» unter den hohen Gerichtshöfen. Die Richter steigerten ihre Forderung nach Mitsprache, indem sie sich zu Repräsentanten der französischen Nation gegenüber dem König erklärten. Diesen Anspruch leiteten sie daraus ab, dass die Gerichtshöfe die vom Monarchen erlassenen Gesetze «registrierten» und damit deren Anwendung garantierten. Wenn sie befanden, dass Gesetze des Königs mit der Grundordnung des Landes und den Rechten des Volkes nicht übereinstimmten, konnten sie sogenannte «remonstrances», also Beschwerden, einlegen. Der Konflikt spitzte sich zu, als der Monarch 1756 in den Krieg mit England eintrat und seinen erhöhten Finanzbedarf durch neue Steuern abdecken musste, woraufhin die «Parlements» das Recht einforderten, die Besteuerung zu genehmigen oder abzulehnen. Die Rebellion der Richter (und damit des Adels) versuchte Ludwig XV. niederzuschlagen, indem er 1771 die «Parlements» kurzerhand auflöste, ihre Magistrate ins Exil schickte und eine grundlegende Reform der Rechtsprechung in Angriff nahm. Es war dies ein Versuch, die absolute Monarchie zu vollenden und die letzten Organe aristokratischer Mitsprache auszuschalten.

Doch war diesem Projekt keine lange Dauer beschert: 1774 verstarb der König, und sein Nachfolger Ludwig XVI. setzte die «Parlements» wieder in ihre alten Funktionen ein. Unter dem neuen Monarchen wurde kein Ansatz zur Erneuerung des krisengeschüttelten Königreichs wirklich zu Ende geführt, denn verschiedene Interessen versuchten an seinem Hof Einfluss zu gewinnen und Rivalen auszuschalten. Zunächst schenkte Ludwig XVI. dem proagrarisch orientierten Reformer Turgot Vertrauen, der eine gerechtere Besteuerung einführen und das Schicksal der Landbevölkerung verbessern wollte. Nach nur vier Jahren folgte ihm der Genfer Bankier Necker, dessen Priorität der Beschaffung neuer Gelder über die Kreditaufnahme galt. Seine Nachfolger Charles-Alexandre de Calonne und Loménie de Brienne scheiterten beide am Dilemma der Staatsfinanzen: Kein Weg konnte an einer grundlegenden Ausweitung der Besteuerung auf die Privilegierten vorbeiführen, doch schien sich eine solche Reform nicht durchsetzen zu lassen. Es drängte sich der Eindruck auf, dass das bestehende System zum Scheitern verurteilt war; nicht weil es an möglichen Auswegen fehlte, sondern weil es niemanden gab, der die erforderlichen Veränderungen konsequent umgesetzt hätte. Weder vermochte sich die Monarchie zu einem vollendeten, administrativen Absolutismus noch zu einer repräsentativen, konstitutionellen Monarchie fortentwickeln.

Auch das außenpolitische Handeln Ludwigs XV. und seines Nachfolgers war nicht dazu angetan, das Vertrauen in die Monarchie zu festigen. Die jahrhundertealte Rivalität mit dem Hause Habsburg hatte Ludwig XV. beigelegt und sich in einem spektakulären «renversement des alliances» mit Österreich verbündet, um das aufsteigende Königreich Preußen im Zaum zu halten. Doch erlitt Frankreich im Siebenjährigen Krieg, der als erster Krieg von wirklich weltweiten Dimensionen angesehen werden kann, eine vernichtende Niederlage: Auf dem europäischen Kontinent ging Preußen aus der Konfrontation mit der französisch-österreichischen Allianz siegreich hervor. Noch wichtiger aber waren die globalen Dimensionen dieses Krieges, führte er doch zum Untergang des französischen Kolonialreichs und zu einer Vormachtstellung Großbritanniens. Der Schauplatz des Krieges war Nordamerika, wo mit der britischen und der französischen Expansion über Jahrzehnte hinweg zwei unterschiedliche Methoden der kolonialen Eroberung einander gegenübergestanden hatten: Auf Seiten der Briten waren es bürgerliche, protestantische Siedler, die von der Ostküste her vordrangen und das Land urbar machten, auf Seiten der Franzosen waren es Soldaten, Administratoren und Jesuiten, welche die Indianer zu unterwerfen und zum Christentum zu konvertieren suchten. Als die britischen Kolonien sich mehr und mehr nach Westen ausbreiteten und dort mit den von Norden über den Mississippi vordringenden Franzosen zusammenstießen, kam es zum unvermeidlichen Konflikt, der 1763 mit der totalen Niederlage Frankreichs endete. Alle Besitzungen in Nordamerika gingen verloren; nur die Kolonien in der Karibik, die als wirtschaftlich reizvoller galten und in denen Sklavenhalter Zuckeranbau betrieben, konnten behalten werden. Dass Frankreich die britischen Kolonien in ihrem Unabhängigkeitskrieg ab 1776 erfolgreich unterstützte, mochte wie eine Revanche für die Demütigung des Siebenjährigen Kriegs wirken. Die unmittelbare Auswirkung davon war aber die massive Verschlechterung der Staatsfinanzen, wodurch wiederum die innenpolitische Krise verschärft wurde.

VI. Das Zeitalter der Revolutionen (1789–1870)

Die Revolution von 1789 markiert nicht nur eine europäische Epochenwende, sondern kann auch als das umstrittenste Ereignis der französischen Geschichte gelten. Sie proklamierte einen radikalen Bruch mit der bisherigen Ordnung, brachte neue politische Strömungen hervor und veränderte zutiefst die politische Kultur des Landes. Die Verfechter einer modernen, auf den Prinzipien der Freiheit, Gleichheit und Brüderlichkeit aufgebauten politisch-sozialen Ordnung standen fortan den Anhängern der absoluten Königsherrschaft, die man nun das «Ancien Régime» nannte, gegenüber. Selten zuvor war die Einheit Frankreichs so gefährdet, nie zuvor war ein innerfranzösischer Bürgerkrieg so heftig wie zu Zeiten der Revolution. Und über viele Jahrzehnte kam der Streit zwischen zwei Visionen von Frankreich, zwischen den «Deux France», nicht zum Erliegen. Insofern kann das gesamte französische 19. Jahrhundert als eine Auseinandersetzung mit den Ideen von 1789 verstanden werden.

Bereits die Zeitgenossen in Europa gewannen den Eindruck, dass sie Zeugen eines tiefen politischen Umbruchs wurden, dessen Auswirkungen noch kaum zu ermessen waren. Als Frankreich ab 1792 in einen Krieg mit seinen europäischen Nachbarn eintrat, wurde die Revolution für zahlreiche Menschen außerhalb der Grenzen Frankreichs zu einer konkreten Erfahrung, die für sie nicht nur Fremdherrschaft, sondern teils auch Befreiung bedeutete. Mit der enormen Expansion Frankreichs unter Napoléon Bonaparte kam schließlich praktisch ganz Europa mit Ideen in Berührung, die ihren Ursprung in der Revolution von 1789 hatten.

Die liberale Revolution

Die äußerst unterschiedlichen historischen Deutungen der Französischen Revolution spiegeln die politischen Gegensätze und Konflikte wider, die von diesem Ereignis ausgegangen sind. In der französischen Geschichtswissenschaft dominierte lange Zeit eine marxistische Interpretation der Revolution. Hiernach handelte es sich um die soziale Revolution einer unterprivilegierten Klasse, des Bürgertums, das den funktionslos gewordenen Adel von der Macht verdrängt habe. In den letzten Jahrzehnten haben die Historiker weitgehend von dieser Deutung Abstand genommen und die Französische Revolution nicht mehr vorrangig als einen sozialen Umbruch, sondern vor allem als ein politisches Ereignis interpretiert, in dem neue Konzepte staatlicher Ordnung und bürgerlicher Partizipation Anwendung fanden sowie eine neue politische Kultur zum Durchbruch kam.

Diese Aspekte werden besonders in ihrer ersten Phase sichtbar. Ausgangspunkt war die Krise des Ancien Régime, insbesondere die massiven Finanzprobleme des Staates und die schiere Unmöglichkeit, eine Steuerreform gegen den Widerstand der Privilegierten durchzusetzen. Als Ausweg aus diesem

Dilemma blieb dem königlichen Finanzminister Loménie de Brienne im Sommer 1788 nur noch die Einberufung der Generalstände, also der Versammlung von Vertretern aller drei Stände, die seit 1614 nicht mehr getagt hatten. Bereits diese Ankündigung bewirkte eine starke Politisierung der Gesellschaft. Die Probleme des Ancien Régime und mögliche Lösungswege wurden kontrovers diskutiert, sei es in Manifesten und Flugschriften oder aber in den sogenannten «Cahiers de doléances», den Beschwerdeheften, in denen die Untertanen ihre Klagen über die gegenwärtigen Zustände zur Sprache bringen konnten. Unter den zahllosen Flugschriften stach eine heraus, die von dem Kleriker Emmanuel Sieyès verfasst worden war. «Was ist der Dritte Stand?», fragte er in seiner Schrift und gab die Antwort, dieser sei eine vollständige, souveräne Nation, alle produktiven Schichten des Landes umfassend und bereit, sich als politische Körperschaft freier Bürger zu konstituieren. Eine repräsentative Vertretung des Dritten Standes solle dem Land eine neue, auf politischer Freiheit und Rechtsgleichheit aufbauende Verfassung geben.

Als die Generalstände schließlich im Mai 1789 zusammentraten, folgte der Dritte Stand dem Programm des Abbé Sieyès: Seine Abgeordneten tagten getrennt von Adel und Klerus und erklärten sich zur «Assemblée nationale». Am 20. Juni 1789 leisteten sie im «Jeu de paume», einer Sportstätte inmitten von Paris, den berühmten «Ballhausschwur», mit dem sie sich dazu verpflichteten, solange nicht auseinanderzugehen, bis sie eine Verfassung Frankreichs verabschiedet hatten. Der Dritte Stand entzog damit dem König die Souveränität, und seine Vertreter erklärten sich zu den Repräsentanten einer souveränen Bürgernation. Dem Monarchen blieb nichts anderes übrig, als Klerus und Adel dazu aufzufordern, sich dem Dritten Stand anzuschließen und in der «Assemblée constituante», der verfassungsgebenden Nationalversammlung, mitzuwirken. Am 2. August 1789 unternahm diese den Schritt, die feudale Ordnung mit ihren Privilegien, grundherrschaftlichen Rechten, Abgaben und Frondiensten kurzerhand abzuschaffen. Sie machte damit das grundlegend Neue der Französischen Revolution deutlich: Bei früheren Umwälzungen in Europa, wie etwa der englischen «Glorious Revolution», war es auch immer darum gegangen, alte Freiheiten und Rechte wiederherzustellen, die von der Monarchie usurpiert worden waren. Die «Assemblée constituante» hingegen machte Tabula rasa mit der bestehenden Ordnung, um den Staat gänzlich neu zu gestalten. Doch waren die politischen Entschlüsse des Dritten Stands nicht das einzige revolutionäre Geschehen, denn gleichzeitig kam es zu gewaltsamen Volksaufständen, die im ländlichen Frankreich aufgrund der schlechten Ernährungslage und steigender Preise ausbrachen. Und das Pariser Volk, ein künftig unverzichtbarer Akteur der Revolution, ging auf die Barrikaden, als es eine königliche Reaktion gegen das Handeln des Dritten Standes fürchtete. So erstürmte die Menschenmenge am 14. Juli 1789 die Bastille, ein berüchtigtes Staatsgefängnis inmitten von Paris, das nun symbolisch für die Willkürherrschaft des Ancien Régime stand.

Die verfassungsgebende Nationalversammlung verfasste daraufhin eine Erklärung der Menschen- und Bürgerrechte. Darin folgte sie dem Vorbild Amerikas, wo man zunächst in Virginia (1776) und dann im Zuge der Unabhängigkeitserklärung in allen 13 Kolonien unveräußerliche Menschenrechte deklariert hatte, bevor die Verfassung ausgearbeitet wurde. Die im August 1789 verabschiedete französische Erklärung unterschied zwischen Menschen- und Bürgerrechten. Erstere standen jedem Menschen qua seiner Natur zu, ganz wie es die Aufklärungsphilosophie gefordert hatte. Zu diesen Rechten zählte man «die Freiheit, das Eigentum, die Sicherheit und den Widerstand gegen Unterdrückung». Was die Bürgerrechte anbelangte, so bekräftigte die Erklärung das Prinzip der Volkssouveränität: Alle Gesetze seien Ausdruck des «allgemeinen Willens», an dessen Formulierung alle Bürger mittels ihrer Repräsentanten mitwirken sollten. Die Religions-, Gewissens- und Meinungsfreiheit aller Bürger wurde verkündet, ebenso wie den Volksvertretern das Recht über die Kontrolle der Staatseinnahmen und -ausgaben erteilt wurde. Vom König, von seinen Vollmachten und seiner Rolle im Staate war mit keinem Wort die Rede.

Sosehr die französische Erklärung der Menschen- und Bürgerrechte dem amerikanischen Vorbild ähnelte, so unterschiedlich waren die Umstände und Ausgangsbedingungen in beiden Ländern. Weil es in Nordamerika, wenn man einmal von den völlig entrechteten Sklaven in den Südstaaten absieht, nur Angehörige des Dritten Stands gab, konnte sich eine liberale politisch-soziale Ordnung dort viel problemloser durchsetzen als in Frankreich. Dort waren es die Verlierer von 1789 – Monarch, Klerus und Hochadel –, die dem Projekt einer liberalen Ordnung skeptisch bis radikal ablehnend entgegenstanden und den Ausgangspunkt der «contre-révolution», der Gegenrevolution, bildeten. Was den Hochadel anbelangte, so hatten zahlreiche seiner Angehörigen umgehend das Land verlassen und insbesondere im Heiligen Römischen Reich Aufnahme gefunden. Ab 1790 wurde Koblenz zur Hauptstadt des aristokratischen Exils, wohin die Brüder des Königs emigriert waren und dort viele Adlige um sich scharten, die ihre Revanche gegen die Revolutionäre vorbereiteten.

Unterdessen hatte der Klerus die Revolution zunächst keineswegs einstimmig zurückgewiesen. Seine Gegnerschaft wuchs zunehmend, als die Konturen der revolutionären Kirchenpolitik deutlich wurden: Am 2. November 1789 wurde der gesamte Grundbesitz des Klerus enteignet und zu «biens nationaux», zu Staatsgütern, erklärt. Der Verkauf des auf diese Weise sprunghaft angewachsenen nationalen Grundbesitzes sollte die leeren Staatskassen wiederauffüllen. Im Februar 1790 folgte die Auflösung aller Orden, die nicht karitativ oder im Erziehungswesen tätig waren. Mit der im Juli 1790 verabschiedeten «constitution civile du clergé», der Zivilverfassung des Klerus, vollendete die Nationalversammlung ihre Neuordnung des Kirchenwesens: Ohne Rücksprache mit dem Papst wurden die Diözesen den 83 Départements, der neuen Verwaltungsgliederung Frankreichs, angeglichen. Nicht nur wurden die Priester und Bischöfe fortan zu Angestellten des französischen Staats, auch sollten sie künftig von den Gläubigen direkt gewählt werden. Papst Pius VI. verurteilte umgehend die durchgreifende Kirchenreform und stellte sich damit auf die Seite der Revolutionsgegner. Das sich ankündigende Schisma zwischen einer papst- und einer revolutionstreuen katholischen Kirche wurde im November 1790 vollzogen: Die Nationalversammlung beschloss, dass alle Geistlichen fortan einen Treueeid auf die Nation und die neugeschaffene Verfassung schwören mussten. Damit stellte sie den französischen Klerus vor ein Dilemma: Entweder ließen seine Angehörigen sich auf die Maßgaben des Staates ein und missachteten damit die Position ihres geistlichen Oberhirten, oder aber sie folgten der höchsten kirchlichen Autorität und begaben sich damit in Opposition zur revolutionären Neuordnung. Auf das gesamte Land gerechnet, unterstellte sich nur etwa die Hälfte der Geistlichen der von der Nationalversammlung neuorganisierten Kirche, wobei es große regionale Unterschiede gab. Insbesondere im Nordwesten des Landes verweigerte eine große Mehrheit der Priester den Eid auf die revolutionäre Nation, während in der Landesmitte und im Südosten der staatstreue Klerus überwog. Unter diesen Vorzeichen änderte sich das Verhältnis der französischen Bevölkerung zur Revolution: Von nun an gab es eine antirevolutionäre Strömung, die sich mit der katholischen Kirche auf einen der wichtigsten gesellschaftlich-kulturellen Akteure des Ancien Régime stützen konnte.

Der König hatte die epochalen Umwälzungen in seinem Land zunächst mit einer merkwürdigen Gleichgültigkeit verfolgt. Als allerdings der Gegensatz zwischen Revolution und Kirche auftrat, sah Ludwig XVI. die Grundfesten der monarchischen Herrschaft bedroht. Im Juni 1791 unternahm er mit seiner Familie einen Fluchtversuch, der jedoch bereits in dem 200 Kilometer von der Hauptstadt entfernten Varennes mit der Festnahme der Königsfamilie scheiterte. Nun zerstritt sich das revolutionäre Lager über die Frage, wie mit dem Monarchen zu verfahren sei: Zahlreiche Stimmen setzten sich dafür ein, Ludwig XVI. abzusetzen und ihm einen Prozess wegen Landesverrats zu machen. Die gemäßigten Kräfte hingegen schreckten vor diesem Schritt zurück, denn sie fürchteten die Radikalisierung der Revolution. Da die promonarchistischen Kräfte zunächst die Oberhand behielten, wurde der König wieder in sein Amt eingesetzt, doch war sein Handlungsspielraum jetzt massiv reduziert – sein Schicksal hing künftig vom Wohlwollen der Revolutionäre ab.

Radikalisierung, Krieg und Beendigung der Revolution

Die von der Nationalversammlung ausgearbeitete und im September 1791 verkündete Verfassung war ein Kompromiss und zog daher Kritik von allen Seiten auf sich. Den Konservativen ging sie viel zu weit, war doch Ludwig XVI. nicht mehr König von Gottes Gnaden, sondern im Auftrag des souveränen Volks. Für die Demokraten ging sie nicht weit genug: Zwar wurde im Sinne der Gewaltenteilung die Legislative nun einem gewählten Parlament übertragen, doch behielt der König das Vetorecht, und das Wahlrecht blieb denjenigen Bürgern vorbehalten, die einen bestimmten Steuersatz entrichteten. Und die Verfassung proklamierte zwar die Egalität der Menschen, doch wurde die Sklaverei in den karibischen Kolonien nicht abgeschafft.

Tatsächlich war das Werk der verfassungsgebenden Nationalversammlung nur der Auftakt zur intensivsten und umstrittensten Phase der Revolution. Die nun beginnende Radikalisierung war angelegt in der Dynamik, die ihr von Beginn an zu eigen gewesen war. Denn ihre verschiedenen Gruppen versuchten sich stets darin zu übertrumpfen, wer die wahre Linie der Revolution verfolgte und sich möglichst unnachgiebig gegen ihre Gegner zeigte. Der internationale Kontext trug ebenso zur Radikalisierung bei, denn die revolutionäre Umgestaltung des Landes hatte eine massive Gegnerschaft nicht nur innerhalb, sondern auch jenseits der Grenzen hervorgerufen. In der Wahrnehmung zahlreicher Revolutionäre verschmolzen König, Adel, eidverweigernde Priester mit den ausländischen Mächten zu einem gigantischen Komplott, der es auf die Zerstörung des revolutionären Frankreich abgesehen hatte. Die ständige Gefahr von Konspirationen rechtfertigte in ihren Augen die äußerste Entschlossenheit und Gewalt. Je radikaler aber die Revolutionäre handelten, desto größer wurde auch das Lager ihrer Opponenten.

In dieser Phase der Revolution erwiesen sich die Jakobiner mehr und mehr als bestimmende Kraft. Sie waren die Mitglieder eines der vielen politischen Klubs, die sich seit 1789 gebildet hatten. Dem Vorbild der aufklärerischen Geselligkeit entsprechend, handelte es sich dabei um Gesprächskreise, in denen die

Arbeit der Nationalversammlung vorbereitet, diskutiert und kritisiert wurde. Manche von ihnen erhielten ihren Namen nach ihrem Versammlungsort, so auch die Jakobiner, die im gleichnamigen ehemaligen Kloster in der rue Saint-Honoré tagten. Sie waren keineswegs eine homogene Gruppierung, sondern vereinten anfangs ebenso Monarchisten wie Republikaner. Nach der Flucht des Königs spaltete sich der Klub; die gemäßigten Mitglieder zogen um in das Kloster der «Feuillants», nach dem sie von nun an benannt wurden. Im Jakobinerklub verblieben die radikaleren Kräfte, die eine wichtige Rolle in der gesetzgebenden Versammlung, der «Assemblée législative», spielten. Auch nach ihrer Spaltung waren die Jakobiner weit davon entfernt, ein einheitliches politisches Programm zu vertreten oder gar eine Partei im modernen Sinne zu bilden. Vielmehr waren sie der Versammlungsort und die Bühne der wichtigsten politischen Persönlichkeiten des revolutionären Geschehens.

Uneinig waren sich die Jakobiner auch über ein Thema, das immer mehr die Debatten bestimmte: die Frage des Krieges. Es war bekannt, dass Österreich und Preußen den revolutionären Veränderungen in Frankreich ablehnend gegenüberstanden. Nach der Flucht Ludwigs XVI. hatten die beiden Mächte in der Pillnitzer Erklärung dem französischen König ihre Protektion zugesichert und dazu aufgerufen, ihm seine ursprüngliche Rolle zurückzugeben. Wichtige Stimmen unter den Jakobinern schürten die Angst vor einem Angriff Österreichs und Preußens, so dass die eigene, französische Kriegserklärung wie eine präventive Aktion erschien. Man wünschte sich, dass der Kampf gegen äußere Feinde nicht nur die neue Staatsbürgernation zusammenschweißen, sondern auch den Sturz der Monarchie ermöglichen würde. Aber auch der König erhoffte sich etwas vom Krieg, nämlich die Niederlage der Revolution und die Rettung seiner eigenen Stellung. Nachdem Frankreich im April 1792 Österreich den Krieg erklärt hatte, stand das revolutionäre Geschehen nun unmittelbar unter dem Einfluss des europäischen Konflikts.

Dies wird sichtbar an den Entwicklungen des Sommers 1792, die schließlich zum Sturz der Monarchie führten. Ihr Ausgangspunkt war die zunehmende politische Mobilisierung der Unterschichten, denen die Verfassung von 1791 kein Wahlrecht zugestanden hatte; der Handwerker, kleinen Gewerbetreibenden, Ladenbesitzer und Arbeiter. Die politisch Aktiven unter ihnen nannte man «Sansculottes», da sie nicht die charakteristische Beinbekleidung der männlichen Oberschichten trugen. Wütend über den ungünstigen Kriegsverlauf, richtete sich ihr Zorn gegen den Monarchen, in dem sie das Symbol der verbliebenen politischen und sozialen Ungleichheiten sowie einen Verräter des Vaterlands erblickten. Sie fanden Unterstützung bei Angehörigen der Nationalgarden aus den großen Provinzstädten, mit denen sie gemeinsam zunächst das Pariser Rathaus und dann, am 10. August 1792, den Königspalast in den Tuilerien stürmten, wo sie die Königsfamilie gefangen nahmen. Radikale, bürgerliche Jakobiner um Maximilien Robespierre forderten die Einberufung eines Nationalkonvents, um die Abschaffung der Monarchie zu vollenden und Frankreich eine republikanische, demokratische Verfassung zu geben.

Im Zuge des Sturms auf die Tuilerien kam es zu einer dramatischen Eskalation des revolutionären Geschehens: Auf Druck der Sansculotten wurde eine Sicherheitspolizei sowie ein Revolutionsgericht eingeführt. Alle noch verbliebenen Orden wurden verboten, eidverweigernde Priester mussten, wenn sie der Verhaftung entgehen wollten, das Land umgehend verlassen. Gleichzeitig verschlechterte sich die Kriegslage, als preußische Truppen immer weiter ins Land vordrangen. Auf maßgebliches Betreiben von Georges Danton, dem wohl begabtesten und leidenschaftlichsten Redner der Revolutionszeit, wurden 30 000 Soldaten rekrutiert, die man auf die Verteidigung der revolutionären Nation einschwor. Getrieben von panischer Angst vor einer Kriegswende und einem gegenrevolutionären Umsturz, besessen von fanatischer Wut, richteten Pariser Sansculotten unter den Gefängnisinsassen der Hauptstadt ein schreckliches Massaker an, dem vermutlich um die 1500 Menschen zum Opfer fielen. Der neugewählte Nationalkonvent hob somit am 21. September 1792 die erste französische Republik in einer Atmosphäre des politischen Terrors aus der Taufe. Das Ende der 800 Jahre langen Königsherrschaft zelebrierte man, indem man eine neue Zeitrechnung einführte: Das Jahr I der Republik hatte begonnen; und passend zur Aufbruchsstimmung konnte das Revolutionsheer bei Valmy einen Erfolg verzeichnen, indem es den preußischen Vormarsch aufhielt. Es wurde sichtbar, zu welchen Leistungen eine von revolutionärem Nationalismus beseelte Armee in der Lage war. Dem abgesetzten König wurde unterdessen wegen Hochverrats der Prozess gemacht, der mit einem Todesurteil (vollstreckt am 21. Januar 1793) endete.

Die Hinrichtung des Königs symbolisierte die immer radikalere Dynamik der Revolution, die durch vier eng miteinander zusammenhängende Triebkräfte bedingt war. Dies war zunächst der Krieg mit den revolutionsfeindlichen Mächten, der im Laufe des Jahres 1793 ungünstiger für Frankreich verlief, als sich mehr Staaten, darunter England, Holland und Spanien, der Koalition gegen das revolutionäre Land anschlossen. Da England die Seewege nach Frankreich blockierte, wurde der Getreideimport erschwert, die Brotpreise stiegen, und es kam vermehrt zu sozialen Unruhen aufgrund der schlechten Ernährungslage. Das Vordringen feindlicher Truppen ins französische Territorium verstärkte das kollektive Bedrohungsgefühl und heizte die Verschwörungsängste an. Ebenso entstand durch den Krieg die Notwendigkeit, immer mehr Truppen auszuheben, was wiederum zu inneren Spannungen führte. So lösten die Konskriptionen im Westen Frankreichs, insbesondere in der Vendée und der südlichen Bretagne, einen Bürgerkrieg aus, der eine zweite Triebkraft der Radikalisierung bildete. Adlige, Bauern und eidverweigernde Priester verbündeten sich und stellten eine Armee auf, um die Revolution im Namen von König und Kirche niederzuringen. Die Protagonisten der jungen Republik gingen gegen die Aufständischen mit äußerster Härte vor und strebten ihre totale Auslöschung an, entweder durch massenhafte Tötungen oder durch den Entzug der Lebensgrundlagen. Weit über 100 000 Menschen verloren in diesem in seiner Brutalität an die Religionskriege erinnernden Bürgerkrieg ihr Leben. Doch griffen nicht nur katholische Royalisten zu den Waffen, auch gemäßigte, prorevolutionäre Kräfte in großen Provinzstädten wie Bordeaux, Marseille und Lyon erhoben sich gegen den als diktatorisch empfundenen Zentralismus der Pariser Revolutionsregierung.

Die Pariser Sansculotten bildeten die dritte Triebkraft der Radikalisierung. Für sie war die Revolution so lange nicht beendet, wie die Verheißungen von 1789 nicht vollkommen umgesetzt waren. Demnach musste für sie nicht nur die Gleichheit vor dem Gesetz, sondern auch die soziale Gleichheit verwirklicht werden, indem die Reichen massiv besteuert und die Profiteure bekämpft wurden, die sich die angespannte Wirtschafts- und Ernährungslage zunutze machten. Auch war in den Augen der Sansculotten die politische Freiheit so lange nicht Wirklichkeit geworden, wie das Volk nicht auf dem Wege einer direkten Demokratie über das Schicksal des Landes mitentschied. Und schließlich forderten sie die unbarmherzige Bekämpfung aller inneren Feinde der Revolution. Ihre Forderungen brachten die Sansculotten lautstark und gewalttätig auf den Pariser Straßen und Plätzen zur Geltung, so dass der Nationalkonvent unter dem ständigen Druck der Volksbewegung tagte.

Als vierter Faktor der Radikalisierung ist die zunehmende Verfeindung zwischen den politischen Parteien des Nationalkonvents zu nennen. Seit seinem Zusammentreten hatten sich in dem Parlament drei große Lager herausgebildet, von denen die «Montagnards», die «Bergpartei», die radikalsten Ideen vertraten. In ihr sammelten sich die Jakobiner, aber auch fanatischere Gruppierungen wie die «Enragés» um Jacques Roux sowie die Anhänger des Journalisten Jacques-René Hébert. Für eine gemäßigte Tendenz standen die «Girondins», benannt nach der Gegend in Südwestfrankreich, aus der zahlreiche ihrer Protagonisten stammten. Zwischen diesen beiden Lagern positionierte sich die «Plaine», die «Ebene», deren Angehörige sich weder für die Montagnards noch die Girondisten entscheiden mochten. Unter dem Einfluss der genannten Triebkräfte – Krieg, Bürgerkrieg, Druck der Straße – gewannen die «Montagnards» immer mehr die Oberhand. Mehr und mehr dominierten sie das «Comité du Salut Public», den Wohlfahrtsausschuss, der als eine Art Revolutionsregierung die Geschicke des Landes lenkte. Um die unberechenbare Dynamik der Sansculotten einigermaßen in

Schach zu halten, traf der Wohlfahrtausschuss immer radikalere Maßnahmen, unter denen der Staatsterror als besonders schillernde Strategie herausragt. Der Terror war konzipiert als exemplarische Gewalt gegen die Feinde der Revolution; er sollte einerseits abschreckend wirken, andererseits dem Volk zeigen, dass die politische Führung der Nation bereits entschieden genug gegen Revolutionsgegner vorging, damit es nicht zu spontanen, blindwütigen Massakern wie im September 1792 kam.

Die Einführung des Terrors als staatliches Herrschafts- und Kontrollinstrument löste jedoch eine immer weniger kontrollierbare Eskalationsspirale aus: Wurden zunächst vornehmlich die Gegner der Revolution verhaftet, verurteilt und guillotiniert, richtete sich die Terrorpolitik des Wohlfahrtsausschusses immer mehr gegen rivalisierende Parteiungen innerhalb des revolutionären Lagers, wie etwa die Girondisten, die im Herbst 1793 ausgeschaltet wurden. «Die Revolution, gleich Saturn, frisst ihre eigenen Kinder», sagte einer ihrer Führer, Pierre Vergniaud, vor seiner Hinrichtung. Nach der Ausmerzung der Girondisten traten Differenzen unter den Protagonisten der Bergpartei zutage. Während Robespierre unnachgiebig die Fortsetzung des Terrors forderte, trat Danton dafür ein, die Versöhnung des verfeindeten Landes voranzutreiben. Ersterer behielt die Oberhand und ließ Danton zusammen mit seinen Anhängern im April 1794 hinrichten, beseitigte aber auch die extreme Linke unter Jacques-René Hébert. Nun stand der «Unbestechliche» kraft seiner Autorität über den Wohlfahrtsausschuss praktisch allein an der Spitze Frankreichs. Um die Utopie der absoluten Einheit der Nation zu vollenden, ließ er allein zwischen dem 10. Juni und dem 27. Juli 1794 in Paris 1409 Menschen hinrichten. Auch in Provinzstädten wie Lyon, Marseille und Nantes wurden Tausende von Menschen guillotiniert, erschossen oder ertränkt. Für Robespierre war der Terror der Zwillingsbruder der Tugend, die wiederum unverzichtbar für den Erhalt der Republik war: «Triebfedern der revolutionären Volksregierung sind sowohl der Terror als auch die Tugend: die Tugend, ohne die der Terror verderblich, der Terror, ohne den die Tugend machtlos ist.» Gleichzeitig versuchte der überzeugte

Deist Robespierre die zunehmend antireligiöse Dynamik der Revolution umzukehren, indem er der Republik den «Kult des Höchsten Wesens» vorschrieb. Die Revolution, die als Begründung der Freiheit begonnen hatte, mündete in ein proto-totalitäres Regime, das im Namen der Einheit aller Bürger die Freiheit negierte.

Eine heterogene Koalition aus Gegnern ließen Robespierre im Juli 1794 verhaften und hinrichten. Man nennt sie die «Thermidorianer», denn gemäß dem 1793 geschaffenen revolutionären Kalender befand man sich damals im Monat des Thermidor. Die «Thermidorianer» hatten keinerlei Ambitionen, die Revolution noch weiter voranzutreiben. Vielmehr war ihnen daran gelegen, in dem zutiefst aufgewühlten Land innere Ordnung einkehren zu lassen, die Errungenschaften der Revolution insbesondere im Bereich der individuellen Rechte zu bewahren und nach außen abzusichern.

Vom Thermidor zum Empire

Die «Thermidorianer» sahen sich der nahezu unmöglichen Aufgabe gegenüber, die traumatische Vergangenheit der letzten Jahre vergessen zu machen, die Franzosen untereinander zu versöhnen und dem Land einen Neuanfang zu ermöglichen. Mit der Verhaftung und Enthauptung von Robespierre hatten sie zwar der diktatorischen Schreckensherrschaft ein Ende gesetzt, aber nicht dem seit drei Jahren tobenden franko-französischen Bürgerkrieg. Der Nationalkonvent hatte mit Aufständen der Linken ebenso wie der Rechten zu kämpfen, bevor er im Oktober 1795 aufgelöst wurde und einer neuen republikanischen Ordnung Platz machte. Diese gab sich gemäßigter als ihre Vorgängerin, griff wieder auf das Zensuswahlrecht zurück und sah verschiedene Maßnahmen vor, um eine erneute Radikalisierung zu verhindern. An der Spitze der Exekutive standen fünf Direktoren, weshalb man für die Jahre 1795 bis 1799 von der Periode des «Directoire» (Direktorium) spricht.

Weder konnte das Direktorium die katastrophale, von galoppierender Inflation und Ernährungskrisen gekennzeichnete

Wirtschaftslage verbessern noch die Regimegegner von links und rechts dauerhaft integrieren. Auch den europäischen Krieg vermochte es nicht entscheidend zu Frankreichs Gunsten zu wenden. In mehreren Schlüsselsituationen dieser Zeit hatte sich ein junger, aus Korsika stammender General ausgezeichnet: Napoléon Bonaparte, der zwei royalistische Rebellionen bekämpft und dem es im Italienfeldzug von 1796/97 völlig überraschend gelungen war, Österreich aus der Lombardei zu verdrängen und Venedig zu erobern. Bonaparte vermochte eine geschickte Öffentlichkeitsarbeit insbesondere mithilfe von Zeitungen zu entfalten, die ihn als militärisches Genie feierten: Mit der Eroberung Norditaliens sei ihm, so hieß es, etwas gelungen, woran mehrere französische Könige gescheitert waren. 1798 war er mit einer Armee nach Ägypten aufgebrochen, mit dem Ziel, England an einer strategischen Position, nämlich der Handelsroute nach Indien, entscheidend zu schwächen. Obwohl der Ägyptenfeldzug letztlich erfolglos war, verlieh er mit seinen exotischen Schauplätzen Bonaparte noch mehr den Nimbus einer Ausnahmegestalt, die aus der Mittelmäßigkeit des politischen Personals herausragte. Als er 1799 nach Frankreich zurückkehrte und von Toulon nach Paris reiste, wurde er in verschiedenen Städten als Retter gefeiert. Auf diese Weise war das Terrain bestens vorbereitet für seinen Staatsstreich vom 18./19. Brumaire (9./10. November 1799), mit dem das «Directoire» sang- und klanglos verschwand.

Die neue, im Dezember 1799 vorgestellte Verfassung des «Consulat» (Konsulat) war ganz auf Bonaparte zugeschnitten und wurde von diesem als die Beendigung der Französischen Revolution präsentiert. Das Consulat nahm von den demokratischen Experimenten der vorangegangenen Jahre Abstand und vertraute die Macht einem Einzelnen an, der vor allem durch sein Charisma, durch den Glauben der Bürger an seine außergewöhnlichen Fähigkeiten, legitimiert war. Bonaparte erhielt für eine Amtszeit von zehn Jahren das höchste Staatsamt des «Ersten Konsuls», das mit umfassenden Befugnissen ausgestattet war: Ihm unterstanden zwei weitere Konsuln, er ernannte die Minister und Verwaltungsspitzen, kommandierte die Streitkräfte und saß dem Staatsrat vor, der die Gesetze ausarbeitete. Die Ratifizierung der Verfassung durch eine Volksabstimmung wahrte den Anschein einer demokratischen Legimitation, doch konnte von einer Gewaltenteilung im Sinne Montesquieus nicht mehr die Rede sein, denn die Exekutive hatte gegenüber den gesetzgebenden Organen eindeutig die Oberhand gewonnen.

In der tiefen politisch-sozialen Krise des damaligen Frankreich bot sich Bonaparte wie kein anderer als Integrationsfigur an. Als Korse, der sich in seiner Jugend für die Unabhängigkeit der Insel engagiert hatte, stand er den ideologischen Grabenkämpfen Frankreichs hinreichend fern, um nicht zu stark dem einen oder anderen Lager zugerechnet zu werden. Diese Distanz ermöglichte es ihm besser als jedem anderen, die Versöhnung des Landes voranzutreiben. Bonaparte war ein Produkt der Revolution und hatte sie gegen royalistische Aufstände verteidigt, doch hatte er es tunlichst vermieden, sich zu sehr mit ultralinken Jakobinern und den Verfechtern des Terrors einzulassen. War er somit für das revolutionäre Lager akzeptabel, so stellte er gleichzeitig für das konservative Frankreich keineswegs eine Zumutung dar, versprach er doch als erfolgreicher Heerführer die Wiederherstellung der inneren Ordnung und der Ehre der Nation.

In Bonapartes Herrschaftspraxis waren Innen- und Außenpolitik auf das Engste miteinander verschränkt: Innere Reformen waren erforderlich, um Frankreich zu stabilisieren und zu einer militärisch schlagkräftigen Großmacht aufzubauen. Und außenpolitische Erfolge waren notwendig, um die Herrschaft des Ersten Konsuls abzusichern, dessen Charisma ganz wesentlich auf seinem Schlachtenruhm beruhte. Deshalb befand sich Frankreich unter Bonaparte in einem permanenten Kriegszustand, der die Bevölkerung auf bislang ungekannte Weise beanspruchte. Hatte bereits der Nationalkonvent 1793 die «levée en masse», den verpflichtenden Kriegsdienst für unverheiratete Männer, vorgesehen, so perfektionierte Bonaparte dieses System und legte jedes Jahr die Anzahl der zu rekrutierenden Soldaten fest. Angesichts einer immer umfassenderen militärischen Expansion forderte er Jahr für Jahr mehr Soldaten an, bis 1812 die legendäre, 450 000 Mann starke «Grande Armée» erreicht war.

Die administrative Reorganisation Frankreichs folgte in ihrer straffen, hierarchischen Zentralisierung dem Vorbild des Militärs: Den Départements, die 1790 als neue Verwaltungsbezirke eingeführt worden waren, stand nun ein vom Ersten Konsul direkt ernannter Präfekt vor, der die Politik der Regierung vor Ort umzusetzen hatte, für die Wahrung der öffentlichen Ordnung zuständig war und den Bürgermeistern Weisungen erteilte. Auch in eroberten Territorien wie Belgien, Norditalien und dem linken Rheinufer wurde dieses System eingeführt, das die Einheitlichkeit der Nation sicherstellen sollte. In seiner Haltung zur Presse- und Meinungsfreiheit erwies sich Bonaparte gleichermaßen als Verfechter einer autoritären Gesinnung: Die seit der Revolution florierende freie französische Presselandschaft wurde auf 13 zensierte Zeitungen beschnitten; wer den Ersten Konsul und seine Politik kritisierte, konnte mit dem Gefängnis rechnen.

Die langfristig wirksamste innenpolitische Reform Bonapartes war die Einführung des «Code civil des Français» (1804), eines umfassenden bürgerlichen Gesetzbuchs, das an die Stelle einer Vielzahl von oft unterschiedlichen, teils gewohnheitsrechtlichen, teils dem Römischen Recht entstammenden Regeln trat. Der «Code civil» bekräftigte zahlreiche Errungenschaften der Revolution, wie etwa die Gleichheit aller Bürger vor dem Gesetz und die Unantastbarkeit des Privateigentums. In manchen Aspekten war er durchaus modern, wenn er die Zivilehe vorschrieb, die Scheidung ermöglichte und die Rechte von sozial Schwachen wie der Minderjährigen, Armen und Kranken schützte. Das Familienbild des bürgerlichen Gesetzbuchs war indessen traditionell, indem es die Ehefrau zum Gehorsam gegenüber ihrem Gatten verpflichtete und ihr kein eigenständiges rechtliches oder finanzielles Handeln gestattete. Mit dem «Code civil» prägte Bonaparte nicht nur bis heute das französische Rechtssystem, sondern übte einen großen Einfluss auf die Rechtsentwicklung in ganz Europa aus.

Die von Bonaparte gewünschte Neuordnung Frankreichs konnte nur gelingen, wenn die tiefen Wunden der Revolutionszeit geheilt würden. Deshalb ging er auf die Verlierer des zurückliegenden Jahrzehnts – Adel und Kirche – zu, um ihnen die Reintegration in die Nationsgemeinschaft zu erlauben. Erfolgreich beendete der Erste Konsul den seit Jahren schwelenden Bürgerkrieg in der Vendée. Einem Großteil der Adligen, die in der Revolutionszeit aus Frankreich geflohen waren, wurde es gestattet, straflos in ihr Heimatland zurückzukehren. Am wichtigsten war, dass Bonaparte der katholischen Kirche entgegenkam und dem Papst einen Dialog darüber anbot, wie das Schisma zwischen der romtreuen und der republikanischen Kirche beendet werden konnte. Das Ergebnis der langwierigen Verhandlungen bildete das Konkordat von 1801: Die katholischen Geistlichen waren fortan Beschäftigte des französischen Staates, die im Gegenzug diesem ihre Treue versprechen mussten. In Abstimmung mit dem Heiligen Stuhl zog man die Grenzen der Diözesen neu; bei der Besetzung der Bischofsämter wurden eidverweigernde wie revolutionstreue Geistliche berücksichtigt. Mit der Unterwerfung der katholischen Kirche unter seine Autorität vollbrachte Bonaparte das Kunststück, den bereits von der Monarchie verfolgten Gallikanismus zu vollenden und gleichzeitig einen der schwersten Konflikte zwischen Staat und Religion zu beenden. Seit dem Konkordat fehlte dem gegenrevolutionären, royalistischen Frankreich in Form des Katholizismus seine wichtigste Unterstützung.

Bonapartes erfolgreiche Befriedung der zerrissenen französischen Gesellschaft fiel zusammen mit militärischen Siegen und günstigen Friedensschlüssen. So gestand Österreich im Frieden von Lunéville (1801) Frankreich die Vorherrschaft über Italien, das linke Rheinufer, die Niederlande und die Schweiz zu; ein Jahr später schloss der Erste Konsul mit Großbritannien den Frieden von Amiens. Innen- und Außenpolitik schienen den Ruf zu validieren, der Bonaparte seit seinen ersten Erfolgen vorauseilte: dass er der Retter einer geschwächten und innerlich gespaltenen Nation sei. Verschiedene Stimmen forderten vor diesem Hintergrund, die Herrschaft des Ersten Konsuls zu verstetigen. Dies wurde in zwei Schritten vollzogen: Zunächst ernannte man Bonaparte 1802 zum Konsul auf Lebenszeit. Dann kam nach zwei gescheiterten Attentaten die Idee auf, die Familie Bonaparte zu einer neuen Herrscherdynastie zu erheben. Sollte Napoléon ums Leben kommen, würde so umgehend ein anderes Mitglied seiner Familie die Herrschaft übernehmen und verhindern, dass Frankreich in Chaos und Anarchie versänke. Unter diesen Vorzeichen wurde Napoléon Bonaparte im Mai 1804 auf Beschluss des Senats zum Kaiser erhoben. Um sich vom Ritual des Ancien Régime zu unterscheiden, fand die Krönungszeremonie vom 2. Dezember 1804 nicht in der Kathedrale von Reims, sondern in Notre-Dame de Paris statt. Nachdem Papst Pius VII. ihn gesalbt hatte, setzte der Kaiser sich selbst die Krone auf.

Mit der Einführung einer unbegrenzten, persönlichen und erblichen Herrschaft wich Bonaparte vom Geist der Revolution ab, aus der er hervorgegangen war. Der Verrat an der revolutionären Tradition wurde notdürftig kaschiert, indem in der neuen Verfassung weiterhin von der Republik die Rede war: «Die Regierung der Republik wird einem Kaiser anvertraut, der den Titel ‹Kaiser der Franzosen› trägt.» Tatsächlich aber war nicht die Republik, geschweige denn die Monarchie die kongeniale Herrschaftsform für Napoléon, sondern das Kaiserreich. Er sah sich weder als Nachfolger der französischen Könige noch als Sachwalter des revolutionären Nationalismus. Seine Ambitionen gingen weit darüber hinaus und zielten nicht bloß auf die Vergrößerung der französischen Nation ab, sondern auf die Bildung eines neuen transnationalen Ensembles, das seiner eigenen Schaffenskraft entsprang und von ihm selbst zusammengehalten wurde. Unter diesen Vorzeichen erblickte er in Schöpfern großer Weltreiche wie Alexander dem Großen, Caesar und Karl dem Großen seine Vorbilder.

Scheitern des Empire und Wiederherstellung der Monarchie

Napoléon kam seinem Ziel eines europäischen Universalreichs sehr nahe. In der Schlacht von Austerlitz (1805) hatte er der österreichisch-russischen Allianz eine demütigende Niederlage zugefügt. Unter dem Eindruck der erdrückenden französischen

Vorherrschaft war das Heilige Römische Reich Deutscher Nation 1806 aufgelöst worden; im selben Jahr wurde Preußen von den Truppen des Kaisers in der Schlacht von Jena besiegt. Der Großteil von Deutschland, ja ganz Europa stand in Abhängigkeit von Napoléon. Wie es sich für einen dynastischen Herrscher gehörte, hatte er seine Brüder mit Fürstentümern versorgt: So nahm Joseph den Thron des Königreichs Neapel ein, während Jérôme das neugeschaffene Königreich Westfalen regierte und Louis über die Niederlande herrschte. Nachdem der Kaiser mit Russlands Zar Alexander den Frieden von Tilsit geschlossen hatte (1807), konnte vorerst kein kontinentaler Rivale ihm seine imperialen Ambitionen mehr streitig machen.

Dass Napoléons Großreich dennoch unvollständig blieb und ständig gefährdet war, lag vor allem am beharrlichen Widerstand einer globalen Großmacht, nämlich Großbritanniens. Das Königreich herrschte dank seiner überlegenen Flotte über die Meere und hatte sich erfolgreich gegen Napoléons Absichten einer Invasion der Insel gewehrt. Bei der Seeschlacht von Trafalgar (1805) hatte die britische Flotte ihre französische Rivalin so stark dezimiert, dass der Kaiser sich nicht nur von der Idee einer Invasion, sondern auch vom Traum eines Mittelmeerreichs oder eines transatlantischen Empires verabschieden musste. Daraufhin sattelte Napoléon auf die Strategie eines Wirtschaftskriegs um und erklärte 1806, dass fortan alle kontinentalen Häfen für britische Schiffe blockiert seien. Die sogenannte «Kontinentalsperre» beruhte auf dem Kalkül, dass die Handelsmacht Großbritannien unweigerlich zum Untergang verurteilt sei, wenn sie hermetisch vom europäischen Festland abgeriegelt war. Sie bedeutete aber auch, dass alle europäischen Staaten sich dem Willen Napoléons beugen und kein britisches Schiff in ihre Häfen lassen durften. Die Logik der Kontinentalsperre gebot somit, dass es auf dem Kontinent kein neutrales Land mehr gab.

Unter diesen Vorzeichen traf der Kaiser im Jahre 1808 eine verhängnisvolle Entscheidung: Portugal unterhielt mit Großbritannien freundschaftliche Beziehungen und bildete eine Lücke in der Kontinentalsperre. Mit dem Ziel, Portugal zu liquidieren und die gesamte Iberische Halbinsel unter seine Kuratel zu stellen, ließ er seine Truppen in Spanien einmarschieren; die dortige Bourbonenmonarchie wurde beseitigt und Napoléons Bruder Joseph auf den Thron gesetzt. Doch anders als in Territorien, wo der Einfall der französischen Armee mal enthusiastisch begrüßt, mal widerwillig ertragen wurde, erhoben sich die Spanier in einem Volksaufstand gegen die Eindringlinge. Ein Guerillakrieg begann, den die für offene Feldschlachten geschulten französischen Soldaten nicht gewinnen konnten. Der Kaiser musste Niederlagen und Rückschläge einstecken, die für ihn, anders als für die Repräsentanten der alten europäischen Königsgeschlechter, existenzbedrohend sein konnten. Denn seine charismatische Legitimität beruhte auf dem Mythos des genialen, unbesiegbaren Feldherrn.

Auch die Wiederaufnahme der Feindseligkeiten mit Russland hing ursächlich mit dem franko-englischen Konflikt und der Kontinentalsperre zusammen. Als Getreide- und Rohstoffexporteur litt das Zarenreich besonders unter dem Verbot, mit Großbritannien Handel zu treiben; umgekehrt konnte Frankreich mangels englischer Importe nicht den russischen Bedarf an Fertigwaren abdecken. Aus diesen Gründen schied Russland aus dem Handelsboykott der Britischen Inseln aus, was für Napoléon einem feindlichen Akt gleichkam. Der im Juni 1812 begonnene Russlandfeldzug geriet allerdings zu einem Fiasko: Russland vermied es, sich der «Grande Armée» in einer großen, entscheidenden Feldschlacht zu stellen, sondern zog es vor, die napoleonischen Truppen immer weiter ins Land vordringen zu lassen, bis der Winter einbrach. Angesichts abgeschnittener Versorgungswege sah sich der Kaiser zum Rückzug gezwungen, bei dem nur 30000 von der einst eine halbe Million Soldaten umfassenden «Grande Armée» aus Russland zurückkehrten.

Der gescheiterte Feldzug ermutigte Preußen und Österreich, sich erneut mit Russland gegen den Kaiser zu verbünden, dem sie in der Schlacht von Leipzig (1813) eine schwere Niederlage zufügten. Schritt für Schritt gingen nun dessen Eroberungen in Deutschland verloren. Während Napoléon auf einen Ausgleich hoffte, waren die Verbündeten entschlossen, nicht erneut mit dem permanenten Aggressor zu verhandeln, sondern den Krieg nach Frankreich zu tragen und seiner Herrschaft ein Ende zu setzen. Unterdessen hatte sich auch innerhalb des Landes der Wind gegen den Kaiser gedreht: Die Bevölkerung litt zunehmend unter den Kriegslasten, den Truppenaushebungen, den Nachteilen der Kontinentalsperre. Nachdem Napoléon schon in Spanien den Nimbus der Unbesiegbarkeit verloren hatte, büßte er nun auch noch seinen Ruf als Retter eines bedrohten Landes ein, als die verbündeten Truppen nach Frankreich eindrangen. Unter diesen Vorzeichen wandten die bürgerlichen Notablen, die ihm einst den Weg zur Macht geebnet hatten, sich von ihm ab: Als Paris in die Hände der Koalition fiel, aberkannte ihm der Senat die Kaiserwürde (3. April 1814) und rief Ludwig XVIII., den Bruder des hingerichteten Königs, zurück.

Kaum ein anderes Individuum hat einen derart tiefgreifenden, nachhaltigen und globalen historischen Einfluss ausgeübt wie Napoléon Bonaparte. Dabei war seine Wirkung kontrastreich und paradox: Von zahlreichen Stimmen wurde er als eine Kraft des Fortschritts gesehen, der mit seinen Eroberungstruppen das Europa des Ancien Régime hinwegfegte und moderne Ideen wie den Rechtsstaat, die Gleichheit vor dem Gesetz und die Emanzipation des Bürgertums einführte. «Um die Menschheit über seine blutigen Erfolge hinwegzutrösten, fügt er dem Lorbeer des Mars den Olivenzweig der Zivilisation hinzu», so pries ihn der Schriftsteller Stendhal. Doch je länger sein Regnum dauerte, desto mehr Menschen nahmen ihn als menschenverachtenden Despoten wahr. Napoléon, der nach einem transnationalen Universalreich strebte, provozierte mit seinem Imperialismus das Erwachen des Nationalismus unter verschiedenen europäischen Völkern und setzte damit eine Tendenz in Gang, die das gesamte 19. Jahrhundert prägen sollte. Auch die globalen Konsequenzen der napoleonischen Herrschaft waren schwerwiegend: Indem er die spanische Bourbonenmonarchie stürzte, läutete er die Emanzipationsbewegung Lateinamerikas von den europäischen Kolonialherren ein. Und seine Kontinentalsperre provozierte den britisch-amerikanischen Krieg von 1812, der auch als «zweiter Unabhängigkeitskrieg» der USA bezeichnet wird. Während Napoléon die größte kontinentale Expansion Frankreichs erzielte, schwächte er die außereuropäische Geltung seines Landes: So wurde das soeben erst von Spanien abgetretene Louisiana, das einen Großteil des amerikanischen Westens umfasste, für einen lächerlichen Preis an die USA verkauft, um den Krieg gegen England zu finanzieren. Napoléon Bonaparte wirkt aus heutiger Perspektive fast wie ein Fremdkörper in der französischen Geschichte: Nicht als Franzose geboren und keiner politischen Tradition des Landes wirklich entstammend, konnte er auch keine dauerhaft wirksame, sich auf ihn berufende Strömung gründen. Und dennoch hat er das heutige Frankreich stark geprägt, wenn man etwa an die politisch-administrative Zentralisierung denkt, die ihm und nicht den revolutionären Jakobinern zuzurechnen ist.

Die Restauration der Bourbonenmonarchie, die von der hundert Tage währenden Episode der Rückkehr des Kaisers (10.3.–8.7.1815) unterbrochen wurde, darf man sich nicht als eine umfassende Rückkehr zum Ancien Régime vorstellen. Auch dem König und seinem Umkreis war klar, dass die revolutionäre und napoleonische Periode die französische Politik und Gesellschaft irreversibel verändert hatten. Insofern suchte man einen Kompromiss zwischen monarchischem Prinzip und bürgerlichem Rechtsstaat, einen Mittelweg zwischen Tradition und Moderne. Dies wird sichtbar in der neuen Verfassung, der «Charte constitutionnelle» von 1814: Einerseits unterwarf sich der Monarch hiermit einem geschriebenen Grundgesetz, wie die Revolution von 1789 es gewollt hatte. Andererseits aber wurde die Verfassung weder von einer repräsentativen Versammlung ausgearbeitet noch ratifiziert, sondern einseitig vom König verkündet. Einerseits bewahrte die «Charte» die Errungenschaften vergangener Jahre, indem sie den Code civil beibehielt, den Verkauf der Kirchengüter bestätigte, bürgerliche Freiheitsrechte garantierte und die Gewaltenteilung zwischen Exekutive und Legislative gewährleistete. Andererseits aber schränkte sie die staatsbürgerliche Partizipation drastisch ein: Ein Zweikammerparlament wurde eingeführt, dessen erste Kammer – die «Chambre des Pairs» – aus vom König ernannten Adligen bestand, während die zweite Kammer nach einem äußerst restriktiven Zensuswahlrecht gewählt wurde.

Die «Charte» bildete somit einen flexiblen, für verschiedene Deutungen und Verfassungspraktiken offenen Rahmen der politischen Neuordnung. Dass diese instabil und konfliktreich verlief, lag an verschiedenen Faktoren: So bedeuteten die Folgen der Niederlage Napoléons eine schwere Hypothek für die neue politische Autorität. Denn Frankreichs Territorium wurde auf seine Grenzen von 1790 zurechtgestutzt; keine einzige Eroberung der letzten Jahrzehnte konnte bewahrt werden. 700 Millionen Francs wurden dem Land als Reparationszahlungen für die napoleonischen Kriege auferlegt; eine Besatzungsarmee von 150000 Soldaten sollte dafür sorgen, dass von Frankreich keine Bedrohung mehr ausging. Die harten Friedensbedingungen belasteten somit die Legitimität der Bourbonenmonarchie, die sich einer zerklüfteten politischen Landschaft gegenübersah: In den Augen der sogenannten «Ultras», bestehend aus intransigenten Royalisten und klerikalen Kräften, war man bei der Restauration des Monarchismus nicht weit genug gegangen und hatte dem revolutionären Lager zu weitgehende Zugeständnisse gemacht. Für die Linke als Sachwalterin des republikanischen Erbes hingegen bedeutete die Restauration den Verrat an der Revolution und musste bekämpft werden. Als das «Juste-milieu» zwischen revolutionärem Radikalismus und monarchischem Autoritarismus präsentierten sich die Liberalen, unter denen Benjamin Constant als wichtigster Denker herausragte. Er definierte die Freiheit als «den Triumph der Individualität sowohl über die Autorität, die durch Despotismus regieren möchte, als auch über die Massen, die das Recht beanspruchen, die Minderheit zu versklaven».

Die Restaurationsmonarchie nahm schließlich eine Entwicklung, die nicht zu mehr bürgerlicher Freiheit, sondern zu einer Stärkung des reaktionären Lagers führte. Ein Schlüsseldatum in diesem Prozess war der Mord an dem potenziellen Thronfolger, dem Herzog von Berry, im Februar 1820. Den «Ultras» diente er als Beweis, dass die Liberalisierung des Landes zu weit gegangen sei und schädliche Ideen sich zu stark verbreitet hätten. Auf ihren Druck hin entschloss sich Ludwig XVIII. zu einem Revirement und berief eine neue Regierung, die individuelle Freiheitsrechte ebenso wie die Pressefreiheit suspendierte sowie ein neues Wahlrecht einführte, das in der Praxis einen noch restriktiveren Zensus bedeutete. Als Ludwig 1824 verstarb und ihm sein ultrakonservativer Bruder Karl X. nachfolgte, verstärkte sich die reaktionäre Tendenz der Monarchie. So wurde den während der Revolution emigrierten Adligen eine finanzielle Entschädigung angeboten, und religiöse Kongregationen wie die Jesuiten durften wieder im Erziehungswesen tätig werden. Um symbolisch an das Ancien Régime anzuknüpfen, ließ sich der neue König in der Kathedrale von Reims als von Gott erwählter Herrscher mit heiligem Öl salben.

In ihrer restaurativen Tendenz befand sich die französische Monarchie im Einklang mit der internationalen Politik. So hatten 1815 die drei führenden Mächte des Kontinents, Österreich, Preußen und Russland, die «Heilige Allianz» gegründet, die eine neue Friedensordnung unter den Vorzeichen eines überkonfessionellen Christentums gewährleisten und die Zurückdrängung liberal-revolutionärer Kräfte gemeinsam vorantreiben sollte. 1818 konnte Frankreich auf dem Aachener Kongress nicht nur seine Aufnahme in dieses Bündnis, sondern auch die vorzeitige Beendigung der Besatzung und einen umfassenden Schuldenerlass erzielen. Frankreich, der langjährige Unruhestifter und Aggressor, war somit schnell rehabilitiert und in das multilaterale «Konzert der Mächte» wieder aufgenommen worden.

Mit ihrer antiliberalen und reaktionären Politik richtete sich die französische Monarchie indessen gegen weite Teile der Gesellschaft, die kein Interesse daran hatten, das Rad der Geschichte zurückzudrehen. Zu den Schichten, die mit der ultraroyalistischen Politik unzufrieden waren, gehörten etwa das urbane Großbürgertum, dem aus wirtschaftlichen Interessen an einem freiheitlichen Umfeld gelegen war. Auch wuchs in den Städten eine neue Generation heran, die in den Zeiten der Revolution und Napoléons groß geworden war und sich mit der rückwärtsgewandten Mentalität der Bourbonenrestauration nicht identifizieren konnte. Als die Ultraroyalisten die Wahlen 1827 verloren, wurde der Konflikt zwischen dem reaktionären Königshof und den fortschrittlichen Kräften unvermeidlich. So berief Karl X. 1829 eine Reihe von erzreaktionären Adligen in die Regierung, wissend, dass ein solches Kabinett nie die Zustimmung der Kammer finden würde. Auf deren Protestnote reagierte er mit der Ankündigung von Neuwahlen für den Juni 1830, die allerdings mit einem Sieg der liberalen Opposition endeten.

Unterdessen versuchte die Regierung, durch außenpolitisches Handeln Ruhm zu erwerben und die öffentliche Meinung wieder für sich zu gewinnen. Da es nicht möglich war, durch Gebietsgewinne in Europa die eigene Macht zu steigern, blieb nur der Ausgriff auf das andere Ufer des Mittelmeers, um dort einen Stützpunkt zu erringen und die englische Hegemonie zu schwächen. Eine Militäroperation gegen das osmanische Algier wurde damit begründet, dass der dortige Statthalter, der «Dey», den französischen Konsul beleidigt hatte und die Piraterie im Mittelmeer unterstützte. Der Stärke des französischen Militärs hatte der «Dey» wenig entgegenzusetzen und ergriff die Flucht. Mit seiner Absetzung und der Aneignung seines Territoriums im Juni 1830 begann die moderne französische Kolonialgeschichte. Beflügelt von diesem Erfolg, fühlte sich der Hof ermutigt, seinen Angriff auf die liberalen Kräfte und die Verfassungsordnung fortzusetzen: Der König verkündete im Juli 1830 eine Reihe von Verordnungen, welche die Pressefreiheit abschafften, das Parlament erneut auflösten und das Wahlrecht einschränkten.

Kaum war der Inhalt der königlichen Verordnungen bekannt, kam es zu Unruhen in Paris: Insbesondere in den östlichen Vierteln, wo Handwerker, Kleinhändler und Arbeiter lebten, gingen Menschen auf die Barrikaden, verteilten Waffen, hissten die Trikolore und riefen aus: «Es lebe die Freiheit! Nieder mit den Bourbonen!» Nach nur drei Tagen revolutionärer Unruhen entstand der Eindruck, dass die Restaurationsmonarchie sich nicht an der Macht halten konnte, auch wenn sie Zugeständnisse (wie die Zurücknahme der strittigen Verordnungen) machte. Doch welche Ordnung sollte an ihre Stelle treten? Die Aufständischen forderten in ihrer Mehrheit eine Republik, hatten aber keine Vorschläge parat, wie diese aussehen und welche Personen sie anführen sollten. Im Gegensatz zu den Aufständischen hatten die liberalen Notabeln der Deputiertenkammer eine klare Vorstellung davon, wie die Zukunft Frankreichs gestaltet werden sollte: Nach ihrer Auffassung bedurfte es nur einer Veränderung an der Staatsspitze, während die verfassungsmäßige Ordnung in Form der «Charte» weiterbestehen konnte. Für sie galt es, eine «Glorious Revolution» französischen Stils umzusetzen, einen tyrannischen König gegen einen verfassungstreuen auszutauschen und so das risikobehaftete Experiment einer neuerlichen Republik zu verhindern. Und sie hatten mit Louis-Philippe d'Orléans, dem liberal gesinnten Angehörigen einer Nebenlinie der Bourbonen, eine Persönlichkeit von königlichem Geblüt parat, die sich anbot, eine gemäßigte, konstitutionelle Monarchie anzuführen, die bürgerliche Freiheitsrechte respektieren würde. Gegenüber den unschlüssigen Republikanern gelang es den liberalen Monarchisten, ihre Lösung durchzusetzen: Nach der Abdankung des ungeliebten Karl X. trat Louis-Philippe als «Roi des Français» an die Spitze des Staates.

Die als Julirevolution bekannt gewordenen Ereignisse des Jahres 1830 waren somit nicht vergleichbar mit der Großen Revolution von 1789: Sie bewirkten weder einen grundsätzlichen politischen Umsturz noch eine soziale Transformation großen Ausmaßes. Die Julirevolution bedeutete den Sieg der liberalen Deutung der «Charte», indem sie Frankreich für die nächsten 18 Jahre zu einer konstitutionellen Monarchie machte. Und sie brachte die großbürgerlichen Notabeln an die politische Macht, die sich den Aufstand des Kleinbürgertums zunutze gemacht hatten. Möglicherweise war die Julirevolution in ihrer europäischen Wirkung bedeutender als in ihrem Einfluss auf die französische Geschichte, denn sie war der Auslöser für die revolutionäre Staatsgründung Belgiens, für den nationalen Befreiungskampf Polens sowie für zahlreiche von freiheitlichem Nationalismus gekennzeichnete Aufstände in Deutschland und Italien.

Von der 1848er-Revolution zum Zweiten Kaiserreich

Die im Juli 1830 neugestaltete Monarchie löste nicht das seit 1789 schwelende Problem eines dauerhaften legitimen politischen Systems. Lediglich die Repräsentanten des Großbürgertums sahen diese Frage als erledigt an, da die «Charte constitutionnelle» im liberalen Sinn neu formuliert worden war, die Kammer nun Gesetze initiieren konnte und die bürgerlichen Freiheitsrechte dauerhaft garantiert waren. Und das Zensuswahlrecht war so ausgeweitet worden, dass das Großbürgertum nicht mehr nur die wirtschaftliche, sondern nun auch die politische Macht innehatte. Doch blieb das Wahlrecht mit knapp 170 000 Wählenden und 4200 Wählbaren immer noch einer verschwindend kleinen Minderheit von Franzosen vorbehalten. Somit konnte die Julimonarchie die demokratischen Bestrebungen nicht zufriedenstellen, die seit der Revolution von 1789 zur politischen Kultur Frankreichs gehörten und in den Julitagen 1830 erneut zum Ausdruck gekommen waren.

Deswegen erhoffte sie sich von einer erfolgreichen internationalen Politik eine höhere Akzeptanz unter der Bevölkerung. So weitete die Armee die Kolonisierung Algeriens aus, indem sie gegen den arabischen Rebellenführer Abd el Kader vorging und ab 1840 das gesamte Hinterland des schmalen Küstenstreifens zwischen Algier und Oran unter ihre Kontrolle brachte. An dem Rückhalt des Regimes unter der französischen Bevölkerung änderte dies jedoch nichts, denn ab 1847 wurde die demokratische Bewegung immer hörbarer. Sie mobilisierte nun mithilfe von Banketten, die in zahlreichen Provinzstädten und in Paris organisiert wurden. Bei diesen Veranstaltungen pflegte man die Erinnerung an die Revolution von 1789, sang revolutionäre Lieder wie die Marseillaise und hielt Reden, in denen eine umfassende demokratische Reform des politischen Systems gefordert wurde. Schließlich eskalierte die Lage im Januar 1848, als die Regierung unter François Guizot ein in Paris geplantes Bankett der Reformer verbot. Studenten fanden sich zu Demonstrationen zusammen, denen sich zunehmend Arbeiter anschlossen; Barrikaden wurden errichtet und Waffengeschäfte geplündert.

Am 22. Februar kam es zu blutigen Straßenschlachten. Jegliche Reformversprechungen schienen zu spät zu kommen. König Louis-Philippe war nicht bereit, für seine Macht zu kämpfen, und dankte am 24. Februar zugunsten seines Enkels ab. Doch war der Elan der Revolution nicht mehr aufzuhalten: Noch am selben Tag drangen Demonstranten in die Deputiertenkammer ein und forderten die Proklamierung der Republik.

Aus einem Aufstand war eine Revolution geworden, die einen radikaleren Verlauf nehmen würde als die Julirevolution 18 Jahre zuvor. Denn noch am 24. Februar verschwanden alle politischen Institutionen des alten Regimes; verschiedene prorepublikanische Persönlichkeiten bildeten eine provisorische Regierung, die vom Pariser Volk akklamiert wurde. Nach ihren Vorstellungen sollte bereits im April mit allgemeinem, gleichem Männerwahlrecht eine verfassungsgebende Nationalversammlung gewählt werden. Gleichzeitig aber bildete sich eine weitere revolutionäre Autorität, die nach ihrem Versammlungsort als «Luxembourg-Kommission» bezeichnet wurde. Diese setzte es sich zur Aufgabe, wirtschaftlich-soziale Veränderungen umzusetzen, um die Lebensverhältnisse der Arbeiterschaft zu verbessern. Der Hintergrund war eine Wirtschaftskrise, die 1846 mit Missernten begonnen und sich auf andere Wirtschaftszweige ausgebreitet hatte. Da die verarmte Landbevölkerung ihren Konsum reduziert hatte, kam es zu Absatzkrisen besonders in der Textilindustrie, die wiederum Arbeitslosigkeit zur Folge hatten. Die «Luxembourg-Kommission» schuf auf dem Wege von Nationalwerkstätten Arbeitsplätze, um die revolutionäre Forderung nach dem «Recht auf Arbeit» zu erfüllen. Tausende von Arbeitern aus der Provinz strömten nach Paris, um von den staatlichen Arbeitsbeschaffungsmaßnahmen zu profitieren.

Die Wahlen zur verfassungsgebenden Nationalversammlung vom April 1848 brachten eine klare Mehrheit für die gemäßigten Republikaner, während die Linke nur 80 Mandate erringen konnte. Doch waren die sozialistischen, der «Luxembourg-Kommission» nahestehenden Kräfte nicht bereit, das Wahlergebnis zu akzeptieren, und machten der neugewählten Repräsentation ihre Legitimität streitig. Am 15. Mai versammelten sie sich zu einer Kundgebung, die in einem gescheiterten Versuch, die Nationalversammlung zu stürmen und aufzulösen, endete. Die Mehrheit aus gemäßigten Republikanern erblickte in den Nationalwerkstätten den Hort der Unruhen und beschloss ihre Schließung. Daraufhin brach im Juni 1848 in Paris ein Arbeiteraufstand aus, an dem ca. 50 000 Personen teilnahmen. Bei der von der Nationalversammlung verordneten Niederschlagung wurden Tausende von Menschen getötet; es kam zu zahlreichen standrechtlichen Hinrichtungen und Deportationen von Verurteilten.

Vor dem Hintergrund dieses neuerlichen innerfranzösischen Bürgerkriegs legte die im November 1848 verabschiedete Verfassung der Zweiten Republik großen Wert auf die Sicherung der öffentlichen Ordnung. Die Exekutivgewalt sollte in der Hand eines direkt vom Volk gewählten Präsidenten liegen, der eigenmächtig die Minister ernennen und entlassen konnte. Bei der Wahl zum Präsidenten am 10. Dezember 1848 setzte sich mit großer Mehrheit Louis-Napoléon Bonaparte, ein Neffe des Kaisers, durch, der den Großteil seines Lebens außerhalb Frankreichs verbracht hatte. Er hatte es geschickt verstanden, nicht nur den Nimbus seiner Familie zu nutzen, sondern auch verschiedenen Bevölkerungskreisen Hoffnungen auf eine für sie günstige Politik zu machen. So versprach er den Bauern den Schutz ihres Grundeigentums, den Arbeitern die Bekämpfung der Armut, dem Bürgertum die Ruhe vor revolutionären Umtrieben und den Katholiken die Förderung von Kirche und Familie.

Die Verfassung der Zweiten Republik sah vor, dass der Präsident nur eine Amtszeit von vier Jahren absolvieren durfte und nicht unmittelbar wiedergewählt werden konnte. Für Louis-Napoléon Bonaparte warf diese Regelung die Frage der Dauerhaftigkeit seiner Herrschaft auf: Würde er nach vier Jahren die politische Bühne wieder verlassen, drohe Frankreich erneut eine Phase der Unruhen und der Instabilität. Unter diesen Vorzeichen schlug er dem Parlament eine Verfassungsänderung vor, die ihm eine zweite Amtszeit gestattet hätte. Als sein Vorschlag nicht die notwendige Mehrheit erzielte, wählte er den Weg des

Staatsstreichs. Am 2. Dezember 1851 löste er die Nationalversammlung auf, setzte die Verfassung außer Kraft und versprach die Schaffung einer neuen politischen Ordnung. Proteste in der Hauptstadt und in verschiedenen Provinzstädten wurden mit brutaler Gewalt niedergeschlagen; Hunderte von Opfern waren zu beklagen, und Tausende von Menschen wurden verbannt. Mit überwältigender Mehrheit hießen die Franzosen im Plebiszit vom 21./22. Dezember 1851 den gewaltsamen Umsturz nachträglich gut und erteilten Bonaparte die Vollmacht, eine neue Verfassung zu erlassen. Die neue Konstitution gestand dem für zehn Jahre amtierenden «Prince-Président» kaum eingeschränkte exekutive, legislative und judikative Befugnisse zu. Der Regimewechsel war damit vollzogen: An die Stelle der Republik war eine plebiszitär legitimierte Alleinherrschaft getreten. Diese wurde am 7. November 1852 in ein erbliches Kaisertum verwandelt: Aus Louis-Napoléon Bonaparte wurde Napoléon III., der nun endgültig in die Fußstapfen seines Onkels getreten war.

Das Zweite Kaiserreich war eine kontrastreiche Epoche, die von traditionellen und modernen Tendenzen gleichzeitig gekennzeichnet war. So baute der Kaiser seine Herrschaft auf einer Allianz mit der katholischen Kirche auf, der weitgehende Vollmachten in der Aufsicht und Gestaltung des Unterrichtswesens eingeräumt wurden. Napoléons stärkster Rückhalt in der Bevölkerung waren die Bauern, die mit über 50 Prozent die größte soziale Schicht ausmachten. Der vom Kaiserreich stark vorangetriebene Eisenbahnbau – zwischen 1851 und 1869 wurden mehr als 13 000 km Bahnstrecken gebaut – kam den Landwirten zugute, die ihre Produkte für viel geringere Kosten transportieren konnten. Auch trug der Eisenbahnbau dazu bei, dass die industrielle Produktion jährlich um 1,6 Prozent wuchs. Besonderen Wert legte der Kaiser auf die Modernisierung der Städte: So erfuhr Paris die wohl größte Transformation seiner Geschichte, als unter dem Präfekten Haussmann mittelalterliche Viertel niedergerissen wurden und großzügige Verkehrsachsen, Flaniermeilen, Warenhäuser, Parks und öffentliche Gebäude an ihre Stelle traten. So wurde Paris in diesen Jahren zur modernen Metropole schlechthin, zur «Hauptstadt des 19. Jahrhunderts» (W. Benjamin), die Menschen aus der ganzen Welt anzog.

Die Außenpolitik wurde hauptsächlich von Napoléon III. selbst betrieben, oft hinter dem Rücken seiner eigenen Minister. Durch seine Beteiligung am Krimkrieg (1853–1856) konnte Frankreich wieder an Prestige gewinnen und sich nach dem Vertrag von Paris (1856) als Schiedsrichter in den europäischen Konflikten etablieren. Im Namen des Nationalitätenprinzips intervenierte Frankreich in den italienischen Einigungskriegen und konnte so das europäische Konzert neu gestalten: Österreich verlor durch den Verlust Norditaliens an Einfluss, während Frankreich Savoyen und Nizza annektierte (1860).

In seinem Streben nach weltweitem Einfluss Frankreichs trieb Napoléon III. die koloniale Expansion voran. In Algerien ließen sich europäische Siedler nieder; neue Stützpunkte entstanden in Neukaledonien, Djibouti, Madagaskar und Senegal. Im Nahen Osten trat Frankreich als Beschützer der Christen auf und steigerte so seinen Einfluss. Mit der Cochinchina-Kampagne 1862 eignete Frankreich sich Saigon und sein Umland an und errichtete ein Protektorat über Kambodscha.

Der Versuch, in Mexiko eine romanisch-katholische Macht zu errichten, die Frankreichs wirtschaftliche Interessen bediente und dem angloamerikanischen Einfluss entgegenwirkte, endete jedoch 1867 in einem demütigenden Misserfolg. Ebenso brachte die auf Kompensationen spekulierende Neutralität im österreichisch-preußischen Krieg (1866) Frankreich nichts ein und trug im Gegenteil dazu bei, dass Preußen eine stärkere Position im europäischen Konzert einnahm. Während Frankreich sich außenpolitisch mehr und mehr isolierte, war das Kaiserreich auch innenpolitisch immer umstrittener: Durch die Wahlen von 1869 wurden die Liberalen und Republikaner gestärkt, was Napoléon III. dazu veranlasste, das Kaiserreich faktisch in ein parlamentarisches Regierungssystem umzuwandeln.

Im Kontext der französisch-preußischen Spannungen und der innenpolitischen Auseinandersetzungen kam es 1870 zur Kandidatur eines Angehörigen des preußischen Königshauses Hohenzollern für die spanische Krone. Dieser Anspruch erschien Frankreich inakzeptabel, befürchtete es doch, von feindlichen Mächten umgeben zu sein. Die daraufhin geführten Verhandlungen waren insofern erfolgreich, als sie zum Rückzug der Hohenzollern-Kandidatur führten. Doch veröffentlichte der preußische Ministerpräsident Otto von Bismarck in der «Emser Depesche» eine Version der Unterredungen zwischen dem französischen Botschafter und dem preußischen König Wilhelm I., die sie wie eine Demütigung Frankreichs erschienen ließen. Die öffentliche Meinung in Frankreich reagierte empört und mit Kriegsbereitschaft: Die Bonapartisten erblickten in einem Krieg gegen Preußen eine Chance, dem Zweiten Kaiserreich sowohl nach außen als auch nach innen wieder mehr Prestige zu verschaffen. Darüber hinaus wurde der Krieg auch als ein Mittel gesehen, um Preußens Willen zur deutschen Einheit zu brechen. Doch dieser sollte nicht, wie erhofft, die Erlösung des Kaiserreichs bringen, sondern bedeutete im Gegenteil sein Todesurteil. Die preußische Armee, verstärkt durch die Einheiten der süddeutschen Staaten, war dem französischen Militär in ihrer Logistik und Organisation überlegen. So wurde ein Großteil der französischen Armee in Metz eingekesselt, während ein anderer, von Napoléon III. selbst angeführter Teil bei Sedan eingekreist wurde, wo der Kaiser am 2. September 1870 kapitulierte. Eine Folge des Krieges war nicht nur das Ende des Kaiserreichs, sondern auch der Verlust des Elsass' und des nördlichen Teils von Lothringen, die von Deutschland annektiert wurden.

VII. Die unvollendete Republik (1870–1940)

Die am 3. September 1870 ausgerufene Republik war eine solche zunächst nur dem Namen nach: Weder gab es eine entsprechende Verfassung, noch bildeten die Republikaner unter der Bevölkerung eine Mehrheit. Bei den Wahlen des Jahres 1871 hatten fast 60 Prozent für Kandidaten gestimmt, die sich für eine Wiedereinführung der Monarchie einsetzten. Eine scharfe Spaltung trat zutage zwischen dem ländlichen Frankreich, das überwiegend konservativ gewählt hatte, während in Großstädten wie Paris, Bordeaux und Marseille die Republikaner gesiegt hatten. Gleichzeitig sah sich Adolphe Thiers, der Chef der Exekutive, einem linksradikalen Aufstand in Paris gegenüber: Eine Bewegung von Kleinbürgern und Arbeitern hatte dort die «Commune» errichtet, die eine direktdemokratisch regierte, von sozialistischen Ideen inspirierte Republik durchsetzen wollte. Thiers ließ die Aufstandsbewegung vom Militär niederschlagen, wobei Zehntausende Menschen ums Leben kamen. Umso mehr sah sich die reaktionäre Parlamentsmehrheit nun ermutigt, von jeglichen politischen Innovationen Abstand zu nehmen und eine «moralische Ordnung» zu restaurieren. Thiers wurde gestürzt; an seine Stelle trat der reaktionäre Marschall Mac-Mahon. Dass die antirepublikanischen Kräfte dennoch keine monarchische Restauration durchsetzen konnten, lag an ihrer inneren Uneinigkeit: Manche von ihnen befürworteten das liberale Königtum, wie es unter Louis-Philippe praktiziert worden war (die sogenannten «Orleanisten»), andere wollten zurück zum Kaiserreich (die «Bonapartisten»), während einer dritten Gruppe eine ultraroyalistische Monarchie vorschwebte, wie sie vor 1830 geherrscht hatte (die «Legitimisten»).

Die Republikaner vermochten diese Spaltung auszunutzen, um 1875 die sogenannten «Verfassungsgesetze» durchzubringen, die für die kommenden sechs Jahrzehnte das politische Leben Frankreichs regeln sollten. Sie sahen ein Zweikammerparlament vor, dessen erste Kammer mit allgemeinem, direktem Männerwahlrecht gewählt wurde, sowie einen Präsidenten der Republik mit siebenjähriger Amtszeit. Bei der ersten danach stattfindenden Wahl vermochten nun die Republikaner besser zu mobilisieren als ihre monarchistischen Opponenten und errangen eine Mehrheit. Im Verfassungskonflikt vom Mai 1877 setzte die republikanische Mehrheit das parlamentarische Regierungssystem durch: Präsident Mac-Mahon wollte einen konservativen Politiker mit der Regierungsbildung beauftragen, woraufhin das Parlament sich weigerte, diesem das Vertrauen auszusprechen. Eine Neuwahl bestätigte die republikanische Mehrheit; und von nun an galt das Prinzip, dass der Regierungschef das Vertrauen des Parlaments genießen musste, um zu regieren. Und von diesem Zeitpunkt an konnten die Republikaner die französische Gesellschaft und politische Kultur nach ihren Vorstellungen umgestalten: Der Tag des Bastille-Sturms von 1789 (14. Juli) wurde zum Nationalfeiertag, die «Marseillaise» zur Hymne, und die Devise «Freiheit, Gleichheit, Brüderlichkeit» erschien an allen öffentlichen Gebäuden.

«Nation-building» in Frankreich

Einige Besonderheiten unterschieden das damalige Frankreich von anderen europäischen Staaten: So verzeichnete es eine stagnierende demographische Entwicklung, während es um 1800 mit 30 Millionen Einwohnern noch das bevölkerungsreichste Land des Kontinents gewesen war. Insbesondere der bedrohliche Nachbar Deutschland hatte eine viel dynamischere Bevölkerungsentwicklung und zog am einstigen Spitzenreiter Frankreich vorbei. Dort empfand man die stagnierende Demographie als besorgniserregend und sprach von der drohenden «Entvölkerung» ganzer Landstriche. Nur die rege Immigration aus benachbarten Ländern vermochte es zu verhindern, dass sich die Bevölkerungszahl negativ entwickelte.

Die demographische Ausnahme Frankreichs hing mit einer weiteren Besonderheit des Landes zusammen, nämlich der Stärke und Stabilität des landwirtschaftlichen Sektors. Während in Ländern wie Deutschland, Großbritannien und USA die Landwirtschaft gegenüber der Industrie rapide an Bedeutung verlor, blieb sie in Frankreich der Sektor, in dem die meisten Menschen arbeiteten (um 1870 waren es 49 Prozent). Im Vergleich zu anderen Ländern kannte Frankreich keine industrielle «Revolution», die mit einem massenhaften Wegzug der Menschen vom Land in die urbanen Zentren verbunden gewesen wäre. Zu Beginn des 20. Jahrhunderts lebte immer noch der überwiegende Teil der französischen Bevölkerung auf dem Land. Im ländlichen Frankreich praktizierten die Menschen eine wirksame Geburtenkontrolle, um die Aufteilung des Grundbesitzes unter zu vielen Hinterbliebenen zu verhindern und so die Verdienst- und Ernährungsmöglichkeiten für die Nachkommenschaft sicherzustellen.

Weitere Charakteristika des ländlichen Frankreich waren seine enorme Vielfalt und die nur sehr unvollständige Eingliederung in die Nation. So waren die Alphabetisierung und Beherrschung der Landessprache insbesondere im Nordwesten verbreitet; nördlich einer Linie, die sich von Saint-Malo bis zum Genfer See ziehen ließ. Südlich davon konnten noch um 1870 in manchen Landesteilen 50 Prozent der männlichen Bevölkerung nicht lesen oder schreiben. Überdies war ein Viertel der Bürger des Französischen nicht mächtig und sprach eine Regionalsprache wie das Bretonische, Baskische, Katalonische oder Provenzalische. Ein Grund für die Isolation des ländlichen Frankreich war seine mangelhafte Anbindung an die Verkehrswege. Es zeigte sich deutlich, dass der französische Staat in den vorangegangenen Jahrhunderten viel Energie darauf verwendet hatte, die lokalen Zwischengewalten zurückzudrängen, ohne jedoch die Integration der Bevölkerung in eine nationale Gemeinschaft nennenswert voranzubringen.

Dieser Aufgabe stellten sich nun die regierenden Republikaner, die in der mangelhaften nationalen Integration einen wichtigen Grund für die Niederlage im Deutsch-Französischen Krieg erblickten. Sie investierten massiv in die Infrastruktur des Landes. So wurden die ländlichen Gemeinden durch ein dichtes Straßennetz miteinander verbunden; mehrere Tausend Eisenbahnkilometer wurden gelegt und große Summen in den Bau von Kanälen und Hafenanlagen investiert. Ebenso bedeutsam war die Reform des Schulwesens, für die im Jahre 1880 Jules Ferry, einer der führenden Politiker des republikanischen Lagers, eine großangelegte Reform verkündete: In allen Gemeinden des Landes sollte eine obligatorische, kostenlose und laizistische Grundschule für Jungen und Mädchen eröffnet werden. Dabei ging es den Republikanern nicht nur darum, die Schulbildung unter der Bevölkerung zu verbreiten, sondern auch darum, die katholische Kirche aus dem staatlichen Unterrichtswesen auszuschließen. Bis dahin hatte das Schulwesen unter der Oberaufsicht der Kirche gestanden; Priester erteilten in den Schulen Religionsunterricht. Mit der Reform Jules Ferrys verschwand der Religionsunterricht künftig aus der Schule und wurde durch eine «moralische und staatsbürgerliche Unterweisung» ersetzt. Ein weiteres wichtiges Anliegen war die Verbreitung des Französischen als ausschließliche Unterrichts- und Verkehrssprache. «Die linguistische Einheit ist ein wesentlicher Faktor der nationalen Einheit», äußerte Ferdinand Buisson, einer der Vorkämpfer der Schulreform. Die republikfreundlichen Führungsschichten, bestehend aus Rechtsanwälten und Notaren, Geschäftsleuten, Ingenieuren, Journalisten, Ärzten und Professoren, erblickten in der Einführung der allgemeinen und laizistischen Schule die entscheidende Reform, um Frankreich zu einer fortschrittlichen Gesellschaft zu machen. Viele von ihnen gehörten den Freimauerlogen an, die in der «Dritten Republik» hohe Wirksamkeit erlangten. Von ihnen ging auch die Gründung des «Parti radical» aus, der ersten modernen Partei Frankreichs, in der sich die prorepublikanischen Kräfte sammelten und die zur führenden politischen Strömung des Landes aufstieg.

In dieser von den gehobenen Mittelschichten angeführten Republik tat sich die Arbeiterschaft schwer, für ihre Anliegen Gehör zu finden. Im Vergleich zu Deutschland oder Großbritannien stellte sie einen deutlich geringeren Bevölkerungsanteil und war wesentlich weniger homogen. Industrielle Großbetriebe waren in Frankreich auf einige wenige Gegenden insbesondere im Nordosten sowie im Umkreis von Paris und Lyon beschränkt. Die meisten Arbeiter gehörten Klein- und Kleinstbetrieben mit weniger als 50 Beschäftigten an; ihre Interessen waren oft nicht identisch mit denen der Fabrikarbeiter. So kam es dazu, dass die französische Arbeiterbewegung in verschiedene kleine, unterschiedliche Strategien verfolgende Parteien gespalten war, bis 1905 die «Section française de l'Internationale ouvrière» (SFIO) entstand. Spiegelbildlich zur politischen Organisation waren auch die Gewerkschaften sich darüber uneins, wie man die kapitalistische Gesellschaft verändern sollte. Zwar gab es in Frankreich kein Sozialistengesetz wie im Deutschen Kaiserreich, doch reagierten auch hier die Regierungen wiederholt repressiv, zeitweise sogar mit dem Einsatz des Militärs auf Streiks und Demonstrationen der Arbeiterbewegung. Unter diesen Voraussetzungen blieb die Arbeiterschaft das Stiefkind der Republik.

Der republikanische Imperialismus

Die Politiker, die sich mit Passion für die Durchsetzung der Republik und ihrer Werte eingesetzt hatten, waren zugleich auch leidenschaftliche Imperialisten. Für sie waren die republikanische Neugestaltung des Schulwesens und die Eroberung von Kolonien zwei Dimensionen desselben Ziels, nämlich der Erneuerung, Wiederaufrichtung und Modernisierung Frankreichs nach der Niederlage von 1870. Der Weg zum Imperialismus war bereits von den vorangegangenen Regimen vorgezeichnet worden. Doch bildeten erst die späten 1870er Jahre den Übergang zur Hochphase der Expansion, in deren Verlauf Frankreich seinen Überseebesitz von knapp einer Million Quadratkilometer auf ca. zehn Millionen Quadratkilometer erweiterte und zur zweitgrößten Kolonialmacht aufstieg. In diesem Zeitraum eignete Frankreich sich große Teile West- und Zentralafrikas an; Tunesien kam unter sein Protektorat, und mit der Eroberung von Annan, Tonkin und Laos entstand das französische Indochina.

Um diese Eroberungen zu rechtfertigen, bezeichnete Jules Ferry in einer großen Rede vor dem Parlament den Kolonialismus als ein «System» mit einer «dreifachen – wirtschaftlichen, humanitären und politischen – Basis». Die ökonomischen Interessen an den Kolonien ergaben sich für ihn aus der Notwendigkeit, für die heimischen Produzenten Absatzmärkte zu erwerben, vor allem angesichts des Risikos, dass die europäischen Nationen und die USA ihre Handelsgrenzen schließen würden. Was die politischen Motive anbelangte, so sah Ferry in der kolonialen Eroberung die einzige Chance für Frankreich, seine «Größe» zu wahren und zu steigern: Es solle nicht nur ein «freies, sondern auch ein großes Land» sein, das seinen Einfluss «über die Welt ausdehnen» müsse. Die sogenannten humanitären Gründe für den Kolonialismus ergaben sich für ihn aus Frankreichs zivilisatorischer Mission: Als Angehörige einer «überlegenen Rasse» hätten die Franzosen das Recht und die Pflicht, die «unterlegenen Rassen zu zivilisieren». Ferrys Rechtfertigung des kolonialen Systems stieß zwar auf Kritik und Widerspruch bei manchen Politikern; eine prinzipielle Ablehnung des Kolonialismus war aber in diesem Zeitraum noch kaum anzutreffen.

Die koloniale Doktrin Frankreichs, wie sie von Ferry vertreten wurde, offenbarte tiefe Widersprüche: Einerseits gab sie vor, die Werte der Republik – Freiheit, Gleichheit, Brüderlichkeit – durch die koloniale Eroberung in die Welt zu exportieren. Gleichzeitig rechtfertigte sie aber mit ihrem rassistischen Menschenbild die Unterwerfung der Kolonisierten als Angehörige einer «niederen» Rasse. Das Herrschaftssystem, das Frankreich in seinen Kolonien errichtete, entsprach letzterer Vorstellung: Außerhalb des Mutterlands orientierte sich Frankreichs Regierungsweise nicht an den republikanischen Werten. Vielmehr herrschte dort eine feste Hierarchie zwischen Europäern und der indigenen Bevölkerung, die nicht als «citoyens», sondern als «sujets» (Untertanen) der Kolonialmacht galten. Man gab vor, dass sich die Kolonisierten erst «assimilieren», also langsam dem französischen Zivilisationsniveau angleichen müssten, bevor sie in den Genuss gleicher Rechte kommen könnten. Nicht nur wurde der eingeborenen Bevölkerung keine politische Partizipation oder Autonomie zugestanden, auch führte man für sie ein eigenes Gesetzeswerk ein, das sogenannte «Indigenat». Es schloss sie von den Grundrechten aus und diente im Wesentlichen ihrer Disziplinierung. Die «zivilisatorische Mission», die Frankreich in seinen Kolonien zu erfüllen vorgab, blieb so weitestgehend ein Lippenbekenntnis. Dies zeigte sich besonders in Frankreichs einziger Siedlungskolonie Algerien, wo die ca. 500 000 europäischen Siedler nicht nur das politische Geschehen bestimmten, sondern sich auch die fruchtbarsten Ländereien angeeignet hatten.

Die Dreyfus-Affäre und die Stabilisierung der Republik

Trotz des Sieges der prorepublikanischen Kräfte in der Verfassungskrise der späten 1870er Jahre blieb die Republik in Frankreich umstritten. Mit der Einführung der laizistischen Schule hatten sich die Gräben sogar noch vertieft, sah sich doch die Kirche aus einer ihrer traditionellen Einflusssphären gedrängt. In den 1880er Jahren entstand zudem ein neuer, rechtsextremer Nationalismus, der sich nicht an vergangenen politischen Ordnungen wie der Monarchie orientierte. Seinen Anhängern schwebte eine antiparlamentarische, autoritäre Herrschaft vor, die Frankreich auf die Revanche für die Niederlage von 1870/71 vorbereiten sollte, und sie bewiesen eine große Nähe zum Antisemitismus, der sich immer mehr ausbreitete.

In dieser von wachsendem Nationalismus und Antisemitismus geprägten politischen Öffentlichkeit kam es zur berühmten Justizaffäre um Hauptmann Alfred Dreyfus, den ersten und bis dahin einzigen jüdischen Offizier im französischen Generalstab. Er wurde aufgrund fragwürdiger Beweise dafür verurteilt, geheime Dokumente an die Deutschen weitergegeben zu haben. Die eigentliche «Affäre» begann 1896, als es im Kriegsministerium trotzdem zu weiterem Geheimnisverrat kam. Anstatt jedoch den Fall wieder aufzurollen und den zu Unrecht verurteilten Hauptmann zu rehabilitieren, vertuschte das Kriegsministerium den Justizirrtum. Daraufhin kam es zu einer immer größeren politischen und medialen Mobilisierung der Fürsprecher des Hauptmanns, deren vorläufiger Höhepunkt der Artikel «J'accuse» des Schriftstellers Émile Zola in der Zeitung «L'Aurore» war (13.1.1898). Für die Unterstützer des Verbannten ging es um die Prinzipien der Aufklärung und der Republik; um Gerechtigkeit, Wahrheit und Menschenrechte. Dessen Gegner hingegen führten die Ehre der Armee und des Vaterlands ins Feld, die gewahrt werden müssten. Es kam zu einem Revisionsverfahren, das mit Dreyfus' erneuter Verurteilung und Begnadigung durch den Präsidenten 1899 endete. Erst 1906 konnten die Unterstützer des Hauptmanns seine Rehabilitierung und Wiederaufnahme in die Armee erwirken.

Mit der Dreyfus-Affäre kam der Antisemitismus als politische Strömung zum Durchbruch. Im Zuge der zunehmenden gesellschaftlichen Assimilation der Juden in der Dritten Republik hatte auch die Gegnerschaft gegen diese Bevölkerungsgruppe immer mehr Anhänger gefunden. Unter Nationalisten und Antisemiten läuteten die Alarmglocken, als sie auch im Offizierskorps der Armee Eintritt fanden. Vor diesem Hintergrund erwies sich Dreyfus als der ideale Sündenbock einer Spionageaffäre: «Dass Dreyfus zum Verrat fähig ist, schließe ich aus seiner Rasse», schrieb der nationalistische Schriftsteller Maurice Barrès 1894.

Am Ende ermöglichte die Dreyfus-Affäre jedoch eine weitere Stabilisierung der Republik. 1899, auf dem Höhepunkt des Justizskandals, konnte der liberale Politiker Waldeck-Rousseau alle prorepublikanischen Kräfte von Sozialisten bis hin zu Offizieren unter dem Dach einer Regierung sammeln. Diese setzte nicht nur die Revision des Dreyfus-Prozesses in Gang, sondern säuberte Verwaltung, Justiz und Militär von republikfeindlichen Kräften und führte die Vereins- und Versammlungsfreiheit ein. Nach dem Wahlsieg des prorepublikanischen «Blocks der Linken» 1902 trat Emile Combes, ein kämpferischer Antiklerikaler, an die Spitze der Regierung und nahm den Kampf gegen die Orden und Kongregationen auf, die auch nach den Ferry-Gesetzen der 1880er Jahre noch im freien Unterrichtswesen tätig waren.

In der Folge kam es zum Abbruch der diplomatischen Beziehungen zum Vatikan und zur Aufkündigung des napoleonischen Konkordats von 1801 durch Frankreich. Damit war die Frage aufgeworfen, wie das Verhältnis zwischen Staat und Kirche künftig geregelt werden sollte. Nach heftigen Kontroversen entschloss man sich zu einer strikten Trennung zwischen Staat und Kirche. Gleichzeitig aber wurde die «freie Ausübung der Religionen» staatlich garantiert. Der kirchliche Grund- und Güterbesitz ging in das Eigentum des Staates über, der künftig für den Erhalt der Kirchenbauten sorgte und sie den Gläubigen kostenlos zur Nutzung überließ. Der Laizismus, die strikte religiöse Neutralität der Republik, ist seitdem ein Markenzeichen der politischen Kultur Frankreichs.

Selbstbehauptung der Republik im Ersten Weltkrieg

Die Position Frankreichs im internationalen System war durch den Krieg von 1870/71 geschwächt. Bis dahin hatte dem Land an seiner Ostgrenze ein zersplittertes Deutschland gegenübergestanden, das keine einheitliche Außenpolitik verfolgt hatte. Nun sah sich Frankreich mit einem geeinten, erstarkten und machtbewussten Nachbarn konfrontiert, von dem man fürchtete, dass er noch weitergehende Expansionspläne verfolgte. Darüber hinaus hatte sich das Nachbarland mit Elsass-Lothringen einen Teil des nationalen Territoriums angeeignet. Die deutsche Annexion dieser Gebiete brachte die französische Politik in ein Dilemma: Einerseits wollte man sich mit dem Verlust dieser Landesteile nicht abfinden; andererseits aber war man nicht dazu bereit, für deren Rückgewinnung Risiken einzugehen und einen neuerlichen Krieg zu beginnen. Auf diese Weise wurde Elsass-Lothringen zu einem «frozen conflict», der das deutsch-französische Verhältnis dauerhaft vergiftete und einen nachhaltigen Frieden unmöglich machte.

Frankreich musste sich daher Verbündete in Europa suchen, die aber nicht leicht zu finden waren: Denn Großbritannien war traditionell ein Rivale, nun insbesondere in der Kolonialpolitik, während Italien und Österreich-Ungarn durch den Dreibund an das Deutsche Reich gebunden waren. Vor diesem Hintergrund kam es zur französisch-russischen Annäherung, die in die Militärkonvention von 1892 mündete. Das Bündnis verpflichtete die beiden Länder zur kollektiven Verteidigung, falls eines von ihnen durch Deutschland angegriffen wurde; ebenso musste Frankreich im Falle eines Angriffs Österreich-Ungarns auf Russland seine Truppen mobilisieren. Von diesem Zeitpunkt an war das Bündnis mit Russland die wichtigste Säule der französischen Sicherheitspolitik. Die Entente cordiale mit Großbritannien bedeutete für Frankreich einen weiteren Schritt aus der europäischen Isolation. Die 1904 abgeschlossene Vereinbarung war anfangs nur eine Absprache über die jeweiligen kolonialen Ansprüche in Afrika. Doch gewann sie 1911 an Bedeutung, als Deutschland sich Frankreichs Bestreben entgegenstellte, über

Marokko ein Protektorat zu errichten, und Großbritannien sich unmissverständlich auf die Seite Frankreich stellte.

Von der Ermordung des österreichischen Thronfolgers in Sarajevo im Juni 1914 war Frankreich zunächst nicht direkt betroffen. Doch für den französischen Staatspräsidenten Raymond Poincaré war die daraus entstehende Krise ein Anlass, die Standfestigkeit des russisch-französischen Bündnisses zu demonstrieren, um Deutschland und Österreich-Ungarn von Aggressionen abzuschrecken. Poincaré ließ sich so auf ein riskantes Spiel ein, das die Kriegsbereitschaft einkalkulierte, falls sich Deutschland und Österreich nicht einschüchtern ließen. Am 30. Juli erklärte Russland die Generalmobilmachung, um die österreichische Kriegserklärung gegen Serbien zu beantworten. Es folgte der Logik des russisch-französischen Bündnisses, dass Frankreich nur zwei Tage später seine Truppen mobilmachte.

Gemäß dem «Schlieffen-Plan» fielen deutsche Truppen über Belgien und Luxemburg in Frankreich ein, so dass dieses fortan der Hauptkriegsschauplatz im Westen war. Das Gefühl, zur Verteidigung des Vaterlands aufgerufen zu sein, führte zu einer umgehenden Solidarisierung unter den verschiedenen politischen Lagern. Präsident Poincaré sprach von der «union sacrée» (heilige Einheit) des Landes angesichts der Bedrohung durch den deutschen Feind. Die Sozialisten gaben ihren pazifistischen Internationalismus sowie ihre innenpolitische Isolation auf und traten mit zwei Ministern in die Regierung ein. Auch die Frauen ließen sich für den Kriegseinsatz mobilisieren: Im noch stark landwirtschaftlichen Frankreich fehlten nun die männlichen Arbeitskräfte, um die Ernte einzubringen, die Äcker zu pflegen und die Höfe zu verwalten. Nicht nur diese Tätigkeiten wurden nun von Frauen übernommen; auch in anderen Berufszweigen wie der Metall- und Waffenindustrie sowie in Dienstleistungsberufen wurden immer mehr Frauen beschäftigt.

In der französischen kollektiven Erinnerung verdichtet sich die Fronterfahrung des Ersten Weltkriegs auf eine emblematische Schlacht: die Verteidigung von Verdun im Jahre 1916. Die Deutschen hatten beschlossen, den starren Frontverlauf des seit dem Herbst 1914 geführten Stellungskriegs an der befestigten

Stadt Verdun zu durchbrechen und den Krieg mit einer finalen Schlacht zu entscheiden, geleitet von der Wahrnehmung, dass Frankreich bereits höchst geschwächt sei. Unter diesen Voraussetzungen maß die französische Militärführung der Verteidigung von Verdun höchste Bedeutung zu. Die Festung wurde durch eine Lastwagenkette ununterbrochen mit Munition, Waffen und Nahrungsmitteln versorgt; auch wurden ständig Soldaten zu den Stellungen hin- und hertransportiert, was dazu führte, dass annähernd jeder damals dienende Soldat einmal in Verdun zum Einsatz kam. Das Schlachtenerlebnis unter ständigem Artilleriefeuer war offenbar so schrecklich, dass es den Soldaten nicht länger als eine Woche zuzumuten war. Die Schlacht endete mit einem defensiven Sieg Frankreichs, das die Stellung ohne Gebietsverluste verteidigen und somit den von den Deutschen erstrebten Durchbruch verhindern konnte. Doch war dieser Sieg mit unermesslichen Opfern verbunden; 163 000 französische und 143 000 deutsche Soldaten starben vor Verdun.

Für verschiedene Krieg führende Nationen war das Jahr 1917 eine krisenhafte Periode, in der sich Kriegsmüdigkeit und Proteste breitmachten. Dies war in Frankreich nicht anders: Für die Armeeführung sollte es eigentlich das Jahr des Sieges werden, in dem man mit einer entscheidenden Offensive das Kriegsglück zu eigenen Gunsten wendete. Ein Angriff am Chemin des Dames, einem Landstrich nördlich von Reims, sollte die Deutschen überraschen und in die Defensive drängen. Doch wie schon bei vorherigen Angriffen, wie etwa bei der Somme-Schlacht im Herbst 1916, standen Aufwand und Ergebnis in keinem Verhältnis zueinander: In den ersten Aprilwochen des Jahres 1917 verloren 52 000 französische Soldaten für einen Geländegewinn von wenigen hundert Metern ihr Leben. Diesmal jedoch kam es zu Ungehorsam und Protesten unter den Soldaten: Manche von ihnen weigerten sich, die Schützengräben zum Angriff zu verlassen, andere flohen; Soldaten lehnten sich gegen Vorgesetzte auf, forderten die Beendigung des Krieges und Friedensverhandlungen. Auf ihrem Höhepunkt waren 80 Regimenter aus 68 Divisionen von den Soldatenstreiks betroffen, gegen die die Armeeführung mit harter Repression – 534 Todesurteilen,

Zwangsarbeit, Verbannung – vorging. Mit den Zumutungen des Krieges, der Dauer und Aussichtslosigkeit der Kämpfe hatte die «Union sacrée» tiefe Risse bekommen.

Es oblag einer außerordentlichen Persönlichkeit, die Kriegsbereitschaft der Franzosen wiederherzustellen und das Land für den Sieg moralisch aufzurüsten: Georges Clemenceau, ein Journalist und Protagonist der «Radikalen», der im November 1917 im Alter von 75 Jahren die Regierungsverantwortung übernahm. In seiner Antrittsrede forderte er alle Franzosen auf, ihre persönlichen Interessen und Ansichten dem «integralen Krieg» unterzuordnen. Alle diejenigen, die für Waffenstillstand und Friedensverhandlungen eintraten, diffamierte er als «Defätisten» und «Antipatrioten». Zum ersten Mal in der Geschichte der Dritten Republik vertraute sich das Land einem charismatischen Führer an, der in der Ausnahmesituation des Krieges die normalen Kontrollmechanismen des parlamentarischen Systems außer Kraft setzte. Zwar kam es auch in Clemenceaus Regierungszeit zu Protesten gegen den Krieg, als Arbeiter im Frühjahr 1918 in kriegswichtigen Betrieben streikten. Doch gelang es ihm weitgehend, die öffentliche Meinung zu beruhigen und die Soldaten wieder zu motivieren, insbesondere durch seine häufigen Besuche an der Front.

Noch bis in den Sommer 1918 sah die Lage für Frankreich bedrohlich aus, da eine deutsche Offensive bis 70 Kilometer vor Paris vorstoßen konnte. Doch hielten die französischen Verteidigungslinien stand; und dank des vermehrten Einsatzes amerikanischer Soldaten kehrten sich die Zahlenverhältnisse an der Front schrittweise zuungunsten der Deutschen um. Der am 18. Juli beginnenden alliierten Offensive hatte Deutschland immer weniger entgegenzusetzen. Mit dem am 11. November bei Compiègne unterzeichneten Waffenstillstand hatte Frankreich seine Kriegsziele erreicht: Deutschland räumte alle besetzten Territorien einschließlich von Elsass-Lothringen, während die Alliierten ihrerseits das linke Rheinufer besetzten.

Dissonanzen des Friedens

Die Konsequenzen des Krieges waren für Frankreich katastrophal: Von den 8,1 Millionen im Mutterland und 600 000 in den Kolonien eingezogenen Soldaten waren gut 1,4 Millionen gefallen, was einer Todesrate von 16 Prozent entspricht, höher als in Deutschland mit 15 und Großbritannien mit 12 Prozent. Die Mehrzahl der überlebenden Soldaten, nämlich ca. fünf Millionen, hatte Verletzungen erlitten. Hinzu kam eine im Vergleich mit Deutschland und England hohe Zahl an zivilen Opfern, nämlich 600 000 Menschen. Überdies hatte Frankreich schwere materielle Zerstörungen zu beklagen, denn über vier Jahre waren seine östlichen Territorien Kriegsschauplatz gewesen. So waren 350 000 Häuser und 11 000 öffentliche Gebäude zerstört; 2,5 Millionen Hektar Land waren vorläufig landwirtschaftlich nicht nutzbar.

Die unermesslichen Opfer der Jahre 1914–1918 prägten die Erwartungen der Menschen für den Frieden: So wünschten sich die Kriegsveteranen in ihrer übergroßen Mehrheit, dass der Krieg ganz vom Erdboden verschwinden würde. Doch die Menschen erwarteten auch die Bestrafung des Gegners, der ihnen einen Angriffskrieg aufgezwungen hatte. Große Erwartungen lasteten also auf den Friedensverhandlungen, die am 18. Januar 1919 im Schloss von Versailles begannen. Der Frankreich repräsentierende Regierungschef Georges Clemenceau orientierte sich dabei an zwei Prioritäten: Einerseits wollte er die Nachkriegsordnung so gestalten, dass ein Wiedererstarken Deutschlands verhindert und dessen mögliche Revanche unmöglich wurde. Andererseits wollte er alles tun, um die Allianz zwischen den Siegermächten Großbritannien, USA und Frankreich auch in Friedenszeiten zu bewahren.

Die Präferenzen der drei Bündnispartner waren aber nicht identisch: So wollte Großbritannien einerseits sein Engagement auf dem Kontinent reduzieren, aber andererseits auch Frankreich nicht die Hegemonie überlassen. Und der amerikanische Präsident Woodrow Wilson hatte in seinen «Vierzehn Punkten» 1918 ein liberales Friedensprogramm formuliert, das die Neuordnung Europas auf Grundlage des Selbstbestimmungsrechts der Völker vorsah. Im Mittelpunkt seines Friedensprojekts stand die Idee eines Völkerbunds, der die Einhaltung gemeinsamer Prinzipien durch alle Mitgliedsstaaten garantieren sollte. Unter diesen Vorzeichen konnte der Versailler Frieden nur ein Kompromiss zwischen den unterschiedlichen Prioritäten darstellen. So konnte Frankreich erreichen, dass Deutschland zu umfassenden Reparationszahlungen verpflichtet wurde, die sich aus seiner im Vertragstext festgeschriebenen alleinigen Kriegsschuld ergaben. Der von zahlreichen führenden französischen Politikern und Militärs verfochtene Plan, deutsche Territorien wie das Saargebiet, die Pfalz und das linke Rheinufer zu annektieren, scheiterte allerdings am Widerspruch der Amerikaner und Briten. Anders als man es sich in Frankreich gewünscht hatte, gab es keine territorialen Garantien gegen ein Wiedererstarken des Nachbarlands. Lediglich die vorläufige Unterstellung des Saargebiets unter den Völkerbund, die Besatzung des linken Rheinufers für die kommenden 15 Jahre und dessen immerwährende Entmilitarisierung konnten erreicht werden. Angesichts der überzogenen Erwartungen der Menschen konnte der Versailler Frieden nur eine Enttäuschung darstellen.

Auch in gesellschaftlicher Hinsicht war das Kriegsende mit großen Hoffnungen verbunden. So erwarteten Frankreichs Frauen, dass ihnen nun endlich das Wahlrecht zugestanden wurde, wo sie sich während des Kriegs in ganz neuen beruflichen Rollen bewährt und somit einen entscheidenden Beitrag zum Sieg geleistet hatten. Während die Nationalversammlung dem Frauenwahlrecht 1919 mit überwältigender Mehrheit zustimmte, vertagte die zweite Kammer, der Senat, die Abstimmung auf einen späteren Zeitpunkt, so dass die ersten Wahlen nach dem Ersten Weltkrieg erneut ohne Beteiligung der Frauen stattfanden. 1922 lehnte der Senat die Einführung des Frauenwahlrechts ab; Frankreich gehörte nun zu der Minderheit europäischer Demokratien, in denen die Hälfte der Bevölkerung nicht wählen durfte.

Ebenso erwartete sich die Arbeiterbewegung von den Friedenszeiten eine stärkere Berücksichtigung ihrer Interessen. Sie war zahlenmäßig gestärkt aus dem Krieg hervorgegangen; so hatte sich die Zahl der Gewerkschaftsmitglieder gegenüber 1913 verdreifacht. Doch ihre innere Uneinigkeit verhinderte es, dass die Arbeiterbewegung ihre neugewonnene Stärke voll ausschöpfen konnte. Mit der russischen Oktoberrevolution 1917 und dem Sieg des Bolschewismus stand einigen ihrer Vertreter nun eine neue Zielvision vor Augen, die sie auch in Frankreich verwirklichen wollten. Andere Aktivisten hingegen wollten auf legalem und reformerischem Weg die sozialistische Gesellschaft vorantreiben. 1920 stand die sozialistische Partei vor der Frage, ob sie der neuen, von Lenin begründeten dritten Kommunistischen Internationale beitreten sollte, wie viele Parteimitglieder es befürworteten. Auf dem Kongress von Tours kam es zur entscheidenden Abstimmung, bei der 3208 Delegierte für den Beitritt zur Kommunistischen Internationale und 1022 dagegen stimmten. Die erst vor wenigen Jahren erzielte Einheit des französischen Sozialismus war damit vorbei; zwei Parteien, eine kommunistische und sozialistische, kämpften fortan darum, die Interessen der Arbeiterschaft zu vertreten.

Schließlich hofften auch die Bewohner der französischen Kolonien angesichts ihres Kriegsbeitrags auf Reformen, was durch Wilsons Idee eines Selbstbestimmungsrechts der Völker noch verstärkt wurde. In verschiedenen Kolonien erhoben sich Stimmen, die entweder die volle politische Emanzipation der indigenen Bevölkerung oder aber die Unabhängigkeit von Frankreich forderten. Die Kolonialmacht versäumte es jedoch, auf die Emanzipationsbestrebungen der Indigenen konstruktiv einzugehen. Anstatt die eigene Kolonialpolitik grundlegend zu revidieren, feierte Frankreich 1931 die hundertjährige Wiederkehr der Eroberung Algeriens mit einer großen Kolonialausstellung in Paris. Sie präsentierte in einem riesigen Erlebnispark die Reichtümer des Empire von Nordafrika bis Indochina; Menschenzoos sollten den Besuchern das Zivilisationsgefälle zwischen Europa und seinen Kolonien veranschaulichen: Der französische Imperialismus stand auf seinem Höhepunkt.

Die Krise der 30er Jahre

Die vom New Yorker Börsenkrach 1929 ausgelöste Weltwirtschaftskrise wirkte sich in Frankreich anders aus als in Deutschland, Großbritannien und den Vereinigten Staaten. Zwar kam es auch hier zu einem Niedergang der Industrieproduktion, doch blieb das Land von der Massenarbeitslosigkeit verschont, die sich zeitgleich in anderen Staaten ausbreitete. Gab es Ende 1929 bereits 1,8 Millionen Arbeitslose in Deutschland, meldeten sich in Frankreich gerade einmal 13 000 Menschen als Stellensuchende. Auf dem Höhepunkt der Krise verzeichneten Deutschland, Großbritannien und die USA Arbeitslosenquoten von über 10 bis mehr als 20 Prozent, während es in Frankreich nie mehr als 5 Prozent Arbeitslose gab. Die Gründe für diese sehr unterschiedlichen Entwicklungen sind in den Besonderheiten der französischen Industrialisierung zu suchen: So herrschten gerade in der Textilindustrie kleine, eng mit dem ländlichen Umland vernetzte Betriebe vor; sie rekrutierten ihre Arbeitnehmer unter der Landbevölkerung, die nebenher auch einer landwirtschaftlichen Tätigkeit nachgingen. Wenn die Textilbetriebe keine Arbeit mehr anbieten konnten, blieb ihnen immer noch die Möglichkeit, sich der Landwirtschaft zu widmen, so dass sie nicht als Arbeitssuchende sichtbar wurden. Ebenso hatte die französische Industrie stets stark auf eingewanderte Arbeitskräfte zurückgegriffen, die nun angesichts der Krise in ihre Herkunftsländer zurückgeschickt wurden.

Auch wenn die wirtschaftliche Depression nie zu so katastrophalen sozialen Folgen führte wie in Deutschland und den USA, entfaltete sich in Frankreich ebenso ein tiefes Krisenbewusstsein. Dies entzündete sich nicht nur an den wirtschaftlichen Entwicklungen, sondern auch an den politischen Zuständen. Das parlamentarische System zeigte sich von seiner instabilen, von fortgesetztem Parteienzwist gekennzeichneten Seite. Zwischen 1917 und 1934 wurden 30 Kabinette gebildet und wieder gestürzt. Ebenso verwickelten sich Mitglieder des Parlaments in Korruptionsskandale, die dem Ansehen der politischen Elite schadeten. Zahlreiche Stimmen suchten deshalb nach Alternativen, etwa die Einführung einer starken, vom Parlament unabhängigen Exekutive. Auch kam es zu einer Renaissance des Rechtsnationalismus, der eine radikale Abkehr vom Parteienstaat forderte. Paramilitärischen «Ligen» waren die Sammelbecken der rechtsradikalen Nationalisten, die abendlich auf den Pariser Straßen Unruhe stifteten und gegen ihre Feindbilder – Judentum, Ausländer, Freimaurer – agitierten.

Unter diesen Vorzeichen kam es zu den Unruhen des 6. Februar 1934: An diesem Tag war die Vertrauensabstimmung über eine neue Regierung unter Edouard Daladier vorgesehen. Da der neue Regierungschef ein entschlossenes Vorgehen gegen die «Ligen» versprach, sammelten sich diese am Abend vor der Nationalversammlung und setzten zum Sturm auf das Parlament an. Daraufhin eröffneten die Sicherheitskräfte das Feuer, 15 Menschen kamen ums Leben. Die Erstürmung des Parlaments war gescheitert, doch ging ein Schock durch das republikanische Frankreich: Offenbar war auch die französische Demokratie nicht davor gefeit, zu kollabieren und einem rechtsextremen, autoritären System Platz zu machen, wie dies zuvor in Deutschland, Österreich und Italien geschehen war.

Angesichts dieser Risiken änderte sich im Sommer 1934 die Strategie der von Moskau gesteuerten internationalen kommunistischen Bewegung, die bis dahin jegliche Kooperation mit bürgerlichen Parteien einschließlich der Sozialisten ausgeschlossen hatte. Unter den Vorzeichen des Antifaschismus als gemeinsamem Nenner aller linken Gruppierungen sollten Kommunisten und Sozialisten künftig zusammenarbeiten, um die Zerschlagung der Arbeiterbewegung zu verhindern. Ein Jahr später traten die linksrepublikanischen Radikalen dem sozialistisch-kommunistischen Wahlbündnis bei, das gemeinhin als «Volksfront» (front populaire) bezeichnet wurde. Im Frühjahr 1936 gelang ihr ein klarer Wahlsieg; Léon Blum wurde als erster Sozialist Regierungschef und setzte in den ersten Wochen seiner Amtszeit eine Reihe von wichtigen sozialen Fortschritten durch: Senkung der Wochenarbeitszeit auf 40 Stunden, zwei Wochen bezahlter Urlaub für alle Arbeitnehmer, drastische, nach Einkommen gestaffelte Lohnerhöhungen. Weitere Strukturreformen wie die Verstaatlichung der Waffenindustrie, Investitionen in die Infrastruktur, Förderung des Kultur- und Freizeitangebots für Arbeitnehmer, Verlängerung der Schulpflicht, Fixierung der landwirtschaftlichen Preise, betrafen verschiedenste Sektoren des wirtschaftlichen und gesellschaftlichen Lebens. Die Volksfront war also mehr als bloß eine defensive Allianz gegen den Faschismus. Auch sie entging jedoch nicht dem Schicksal anderer Regierungen dieser Periode und scheiterte nach nur gut einem Jahr an inneren Divergenzen.

Mit der «Machtergreifung» Adolf Hitlers im Januar 1933 und dem Austritt Deutschlands aus dem Völkerbund nur neun Monate später war die Verständigungspolitik mit dem einstigen Kriegsgegner gescheitert. Diese war mit dem Namen Aristide Briand (Außenminister von 1925 bis 1932) und den Abkommen von Locarno verbunden, in denen Deutschland seine bestehenden Westgrenzen anerkannt und sich zur friedlichen Konfliktbeilegung verpflichtet hatte. Nun regierte in Berlin eine Partei, die eine grundlegende Revision des Versailler Vertrags anstrebte. 1936 marschierten deutsche Truppen in das entmilitarisierte Rheinland ein, was eine klare Verletzung des Vertrages darstellte und Frankreich zu einer militärischen Intervention berechtigt hätte. Doch blieb es bei verbalem Protest aus Paris. Verschiedene Gründe können dafür angeführt werden: So wäre Großbritannien nicht bereit gewesen, Frankreich bei einer Intervention zu unterstützen. Auch wäre ein militärisches Eingreifen innenpolitisch schwer durchsetzbar gewesen, denn die öffentliche Meinung wollte nichts weniger als einen neuerlichen Krieg mit Deutschland. Frankreich war auf die Strategie des Appeasement, der Politik der beschwichtigenden Konzessionen an den aggressiven Nachbarn, eingeschwenkt.

Deren Höhepunkt markierte das Münchner Abkommen vom September 1938: Angesichts der Drohung Hitlers, für die Annexion der sudetendeutschen Grenzgebiete der Tschechoslowakei einen Krieg zu beginnen, lenkten der französische Regierungschef Daladier sowie der britische Premierminister Chamberlain ein: Sie unterzeichneten ein Abkommen, das praktisch die Auflösung des tschechoslowakischen Staates bedeutete, indem ca. 20 Prozent seines Territoriums mit 3 Millionen Einwohnern an Deutschland fielen. In Frankreich wurde Daladier mehrheitlich für sein Handeln gefeiert. Erst später, insbesondere unter dem Eindruck des deutsch-sowjetischen Nichtangriffspakt vom August 1939, kam es in der öffentlichen Meinung zu einer langsamen Abkehr von der prinzipiellen Kriegsablehnung. Mehr und mehr setzte sich die Erkenntnis durch, dass die bisherige Politik der Zugeständnisse gegenüber Hitler die eigene Sicherheit nicht gestärkt, sondern geschwächt hatte. So stieß die Mobilisierung der französischen Armee am 2. September kaum auf Proteste, nachdem Frankreich den deutschen Angriff auf Polen mit der Kriegserklärung beantwortet hatte.

Anders als 1914 bedeutete die Mobilisierung jedoch nicht den Beginn von Kampfhandlungen, denn weder griffen französische Truppen in den deutsch-polnischen Krieg ein, noch attackierten sie das Deutsche Reich an seiner Westgrenze. Vielmehr verschanzten sie sich hinter der Maginot-Linie, einer Kette von Befestigungsanlagen von Belgien bis hin zu den Seealpen, die das Land möglichst lückenlos vor einer Invasion schützen sollte. Es begann die «drôle de guerre», der «seltsame Krieg»: acht Monate des Wartens auf eine deutsche Attacke.

VIII. Von der Niederlage zur Auflösung des Empire (1940–1962)

Der Zusammenbruch Frankreichs nach dem deutschen Angriff vom 10. Mai 1940 geschah in einer für die Zeitgenossen unbegreiflichen Geschwindigkeit. Die Invasoren vermieden die befestigte Ostgrenze Frankreichs und drangen durch die Niederlande und Belgien vor, überwanden mit Hilfe ihrer Panzer die Ardennen und schickten Kampfflugzeuge den Truppen voraus. Schon nach knapp einem Monat begann der Rückzug der französischen Truppen, die sich in einer teils chaotischen Fluchtbewegung auflösten. Etwa 1,85 Millionen Soldaten kamen in deutsche Kriegsgefangenschaft. Gleichzeitig flohen ca. acht Millionen Franzosen vor den vorrückenden deutschen Truppen; manche in völlig überladenen Autos, während andere sich zu Fuß, auf Fahrrädern, in Pferdewagen auf die Straßen begaben. Als die Deutschen am 14. Juni 1940 in Paris einrückten, fanden sie eine Hauptstadt vor, die von zwei Dritteln ihrer Bewohner verlassen worden war.

Unterdessen war die politische Führung nicht mehr in der Lage, eine einheitliche Linie zu verfolgen. Die einen, angeführt von Ministerpräsident Paul Reynaud, wollten Frankreich unbedingt im Krieg halten, die anderen, angeführt von Kriegsminister Marschall Pétain, hielten dies für aussichtslos und traten für eine umgehende Beendigung der Kampfhandlungen ein. Am 16. Juni trat Reynaud zurück und machte einer von Pétain angeführten Regierung Platz, die den Kampf umgehend aufgab.

Pétains Hoffnungen auf eine ehrenvolle Beendigung der Feindseligkeiten wurden durch die drakonischen Waffenstillstandsbedingungen enttäuscht. Faktisch wurde der französische Staatsverband aufgelöst: Der Großteil des Landes, nämlich der Norden bis unterhalb der Loire einschließlich der Atlantikküste, stand nun unter deutscher Besatzung, deren Kosten Frankreich zu tragen hatte. Nur der Süden galt als «freie Zone», die von einer souveränen französischen Regierung verwaltet wurde. Elsass-Lothringen wurde erneut vom Deutschen Reich annektiert, während der Nordosten um Lille und Calais unter die deutsche Militärverwaltung Belgiens kam. Westlich davon wurde eine 100 Kilometer breite, sogenannte «verbotene» Zone abgegrenzt, in die die geflohene Bevölkerung zunächst nicht zurückkehren durfte und wo künftig deutsche Landwirte angesiedelt werden sollten. Frankreichs Armee wurde auf 100 000 Mann reduziert; sämtliche Kriegsgefangene wurden nach Deutschland verbracht.

Die demütigende Niederlage des Juni 1940 stellte somit den absoluten Tiefpunkt der französischen Geschichte dar. Die über Jahrhunderte errungene territoriale Einheit des Landes war vorerst zerstört und seine Souveränität verloren; es blieb ungewiss, ob Frankreich je wieder eine signifikante Rolle im internationalen System würde spielen können. Die französischen Bürger wirkten in den Tagen der Niederlage wie traumatisiert von den Geschehnissen. In ihrer großen Mehrheit waren sie zunächst der Meinung, dass Pétain mit der Einstellung der Kampfhandlungen in der chaotischen Auflösung des Juni 1940 richtig gehandelt hatte. Erst schrittweise wurden ihnen die Zumutungen klar, die mit den Waffenstillstandsbedingungen auf sie zukamen. Immer mehr würden sich nun die Franzosen über die Frage entzweien, wie man sich gegenüber der deutschen Besatzung verhalten sollte: War es besser, mit den Besatzern zusammenzuarbeiten oder sich ihnen zu widersetzen?

Kollaboration, Besatzung und Widerstand

Da die Hauptstadt nun von den Deutschen besetzt war, hatte sich die französische Regierung in dem Kurort Vichy niedergelassen. Marschall Pétain und sein Umkreis unternahmen dort in erstaunlicher Geschwindigkeit eine radikale politische Umgestaltung Frankreichs. Der neue Regierungschef schob die Schuld für die Niederlage allein auf die parlamentarische Republik, die Frankreich geschwächt, entzweit und unfähig zur Verteidigung gemacht habe. Die Konsequenz aus der Niederlage konnte für ihn somit nur die umgehende Abschaffung der Republik sein, die am 10. Juli 1940 vorgenommen wurde. Den Abgeordneten des Parlaments wurde ein Gesetz vorgelegt, das Pétain die Vollmacht erteilte, eine neue Verfassung zu erlassen. Eine überwältigende Mehrheit der Abgeordneten stimmte dem Gesetz und damit ihrer Selbstentmachtung zu; ein Schlussstrich unter 70 Jahre Republik war gezogen.

Um sich von der republikanischen Tradition zu unterscheiden, erhielt die neue Ordnung den Namen «Etat français»; die Devise «Freiheit, Gleichheit, Brüderlichkeit» wurde durch «Arbeit, Familie, Vaterland» ersetzt. Anstelle des Parlamentarismus trat eine autoritäre Diktatur, in der die Exekutiv- wie die Legislativgewalt in den Händen von Philippe Pétain lagen. Der bereits 84 Jahre alte Marschall genoss seit seinem Wirken im Ersten Weltkrieg einen legendären Ruf und galt vielen als Verkörperung des französischen Patriotismus. Sein Ruhm, sein Charisma wurden massiv zur Legitimation nicht nur der neuen Ordnung, sondern auch einer Grundentscheidung der Regierung eingesetzt: Diese verkündete nämlich die Kollaboration mit Nazi-Deutschland als Strategie des neuen Staates. Im Oktober 1940 traf sich Pétain mit Hitler, um die Zusammenarbeit zu besiegeln. Dahinter stand das Kalkül, dass Deutschland ohnehin den Krieg gewinnen würde und man sich besser mit Hitler arrangierte, um die Besatzung erträglicher zu gestalten und langfristig ihre Aufhebung zu erwirken. Mit Pétain und seinem Umkreis kam erstmals in der modernen französischen Geschichte die extreme Rechte an die Macht. Umgehend verkündeten die neuen Machthaber eine «nationale Revolution» und machten sich daran, diejenigen gesellschaftlichen Schichten auszugrenzen, die ihnen immer schon als Sündenböcke für den angeblichen Niedergang Frankreichs gedient hatten: Juden, Ausländer und Freimaurer.

Unterdessen hatten die Deutschen in Paris ein Besatzungsregime etabliert, das versuchte, Frankreich mit möglichst geringem Einsatz zu kontrollieren. In Paris gab es nicht mehr als 200 und im ganzen Land nur ca. 2000 deutsche Offiziere und Beamte, die sicherstellen sollten, dass in Frankreich Ruhe herrschte. Insofern war die deutsche Besatzungspolitik darauf angewiesen, dass die französische Verwaltung mit ihnen kooperierte und ihre Anordnungen möglichst reibungslos umsetzte. Ebenso wie in anderen eroberten Gebieten stand die Rassenpolitik im Vordergrund der deutschen Besatzungspolitik. So wurden ab dem Oktober 1940 die jüdischen Unternehmen, Banken und Versicherungen des besetzten Frankreich «arisiert».

Weder die deutsche Besatzung noch die radikale politische Umgestaltung im unbesetzten Frankreich erregten anfangs signifikanten Widerstand unter der Bevölkerung. Der erste Aufruf, sich der Besatzung zu widersetzen, ertönte am 18. Juni 1940 aus London und stammte von General Charles de Gaulle, einem Mitglied der letzten Regierung der Dritten Republik, der kurz vor Abschluss des Waffenstillstands aus Frankreich geflohen war. De Gaulle verkündete, dass Frankreich nur eine Schlacht, aber nicht den Krieg verloren habe, und forderte alle Soldaten auf, sich ihm anzuschließen und vom Exil aus gegen Deutschland weiterzukämpfen. Nur wenige Menschen hörten seinen über die BBC gesendeten Aufruf, und nur eine kleine Anzahl von Soldaten leistete seinem Aufruf Folge. Immerhin unterstellte sich das Kolonialgebiet Zentralafrika seiner Autorität, so dass sein «Freies Frankreich» über eine territoriale Basis verfügte.

Im französischen Mutterland bildeten sich ab 1941 vor allem in der unbesetzten Zone erste Widerstandsgruppen, die in keiner Verbindung zu de Gaulle standen und mit Untergrundpublikationen auf sich aufmerksam machten. Es dauerte aber bis zum August 1941, bis der bewaffnete Widerstand gegen die deutschen Besatzer begann. Dieser ging von den Kommunisten aus, die sich bis dahin an den deutsch-sowjetischen Nichtangriffspakt gebunden gefühlt und Neutralität praktiziert hatten. Nach dem deutschen Angriff auf die Sowjetunion verübten sie tödliche Attentate auf Angehörige der Besatzungstruppen, welche die Deutschen mit brutalen Repressalien beantworteten. Für jeden erschossenen Deutschen wurden im Gegenzug Dutzende französische Häftlinge hingerichtet, was wiederum bei der Bevölkerung auf Entsetzen stieß. So wandelte sich die anfangs eher ruhige Situation im besetzten Frankreich zu einer immer angespannteren Lage, in der die Gewalt von beiden Seiten mehr und mehr eskalierte.

Ab dem Jahr 1942 führte Pétains Strategie der Zusammenarbeit mit den Nationalsozialisten dazu, dass diese an das Vichy-Regime immer neue Forderungen richteten. Zunächst kam der Marschall im April 1942 ihnen entgegen, indem er mit Pierre Laval einen Regierungschef ernannte, der für eine rückhaltlose Zusammenarbeit mit den Deutschen eintrat. Für Laval war der deutsche Sieg im Krieg notwendig, um den Siegeszug des Bolschewismus in Europa zu verhindern. Im Frühjahr 1942 dann richteten die Deutschen an die französische Regierung die Forderung, sie bei der Verfolgung und Verhaftung der Juden in Frankreich zu unterstützen. Die Vichy-Regierung erbat sich, dass Juden mit französischer Staatsbürgerschaft verschont wurden, sagte aber zu, dass die französische Polizei die Verhaftung ausländischer und staatenloser Juden übernahm. So kam es ab dem Sommer 1942 zu verschiedenen Verhaftungswellen im besetzten und unbesetzten Frankreich, unter der die Pariser Razzia vom 16. und 17. Juli 1942 herausragt, bei der die französische Polizei 12 884 ausländische und staatenlose Juden verhaftete und den Deutschen zur Deportation in Konzentrationslager übergab.

Mit der amerikanisch-britischen Invasion im französischen Nordafrika im November 1942 schränkten sich die Handlungsspielräume des Vichy-Regimes noch weiter ein. Denn von nun an entzogen sich nicht nur die nordafrikanischen Kolonialgebiete seinem Einfluss, auch reagierten die Deutschen umgehend, indem sie ihrerseits am 11. November die bis dahin unbesetzte Südzone okkupierten. Nun war der letzte Anschein französischer Souveränität dahin; überall im Lande befanden sich deutsche Truppen – mit der Ausnahme des Südostens, der von Italien besetzt wurde.

Eine weitere Forderung der Besatzer betraf die Bereitstellung französischer Arbeitskräfte, um den durch den Fronteinsatz entstandenen Arbeitskräftemangel auszugleichen. Zunächst wurden Franzosen auf freiwilliger Basis ins Reich geschickt; dann führte Vichy auf deutschen Druck den Zwangsarbeitsdienst für alle Männer im Alter von 23 bis 25 Jahren ein. Diese höchst unpopuläre Maßnahme hatte zusammen mit der demütigenden Besatzung der Südzone sowie der schlechten Versorgungslage zur Folge, dass das Vichy-Regime immer mehr an Unterstützung verlor und der Widerstand mehr Zulauf bekam.

Von London aus setzte General de Gaulle alles daran, die Widerstandsbewegungen des Inlands zu einen, indem sie sich seiner Führung unterstellten. Diese Legitimierung benötigte er, um von dem britischen Premierminister Winston Churchill und dem amerikanischen Präsidenten Franklin Roosevelt als die unbestrittene Führungspersönlichkeit für das kommende, befreite Frankreich anerkannt zu werden. Im Mai 1943 hatte de Gaulle sein Ziel erreicht, als sich alle Bewegungen und Untergrundparteien einschließlich der Kommunisten in Paris im «Conseil national de la Résistance» zusammenfanden und ihn zum Chef des Widerstands erklärten. Ab dem Oktober 1943 stand de Gaulle einer Exilregierung vor, die sich darauf vorbereitete, bei der Befreiung des Mutterlands die politische Autorität zu übernehmen.

Im Winter 1943/44 eskalierte die Situation in Frankreich immer mehr zu einem innerfranzösischen Bürgerkrieg: Radikale Verfechter der Kollaboration bildeten in Form der «Miliz» Kampfverbände, die bewaffnet gegen die Résistance vorgingen und prominente jüdische Politiker ermordeten. Die Partisanen des Widerstands vermehrten ihrerseits nicht nur ihre Sabotageakte gegen die deutsche Besatzung, sondern brachten auch französische Bürger um, die sie als Verräter identifiziert hatten. In dieser Situation zunehmender innerer Verfeindung kam es im Juni 1944 zur alliierten Invasion in der Normandie, in deren Zuge auch de Gaulle wieder das französische Mutterland betrat. Es gelang seiner kleinen Exilarmee, am 25. August noch vor den Alliierten in die Hauptstadt einzudringen und diese zu befreien, so dass er dort den Sitz seiner provisorischen Regierung etablieren und die Machtfrage in Frankreich zu seinen Gunsten entscheiden konnte.

Erfolge und Enttäuschungen des Neuaufbaus

Die Widerstandsbewegung hatte mit großen Erwartungen auf das Ende der deutschen Besatzung geblickt. Der «Conseil national de la Résistance» hatte 1944 ein gemeinsames Programm verabschiedet, das den Übergang der Schlüsselindustrien, Banken und Versicherungen in Gemeineigentum sowie ein umfassendes soziales Sicherheitssystem forderte. Dass die Wahlen zur verfassungsgebenden Nationalversammlung im Oktober 1945 zu einem markanten Linksruck führten, half bei der Umsetzung dieses Programms: Stärkste Partei wurden die Kommunisten (26%), gefolgt von dem neugegründeten christdemokratischen «Mouvement républicain citoyen» (23,8%) und den Sozialisten mit 23,3 Prozent Zum ersten Mal hatten Frankreichs Frauen an einer Wahl teilnehmen können, da de Gaulles provisorische Regierung bereits 1944 die Einführung des Frauenwahlrechts angeordnet hatte.

Unter den nun umgesetzten Nationalisierungen ragte der Elektrizitäts- und Gassektor heraus, der unter dem Dach des Staatsunternehmens EDF/GDF vereinigt wurde. Als große Errungenschaft der Befreiungszeit wurde die Gründung der «Sécurité sociale» 1945 gefeiert, einer einheitlichen Kranken-, Renten- und Arbeitslosenversicherung für alle Arbeitnehmer. Ebenso half der Staat Familien mit großzügigen Steuererleichterungen und Unterstützungszahlungen, um eine positive Bevölkerungsentwicklung zu fördern. Der französische Babyboom ab Ende der 40er Jahre mit einem jährlichen Zuwachs der Geburten von 50000 und mehr sollte den Staat darin bestätigen, dass seine Strategie richtig war. Um den Wiederaufbau des vom Krieg stark beschädigten Landes zu finanzieren, sah die Regierung nur die Möglichkeit, amerikanisches Kapital zu mobilisieren. So verzichteten die USA auf die Rückzahlung von 2,8 Milliarden Schulden aus beiden Weltkriegen und stellten neue Kredite in Höhe von 650 Millionen Dollar zur Verfügung, noch bevor Frankreich wie alle anderen westeuropäischen Staaten in den Genuss von Hilfsgeldern aus dem «Marshall-Plan» gelangte.

Die amerikanischen Hilfen waren der Auftakt zu einer Außenpolitik, die auf eine weitgehende Integration Frankreichs in die westliche Gemeinschaft abzielte; dies vor dem Hintergrund des Kalten Kriegs und der Furcht vor einer Aggression aus dem kommunistischen Machtbereich. Unter diesen Vorzeichen war Frankreich eines der Gründungsmitglieder des im April 1949 gegründeten Nordatlantikpakts. Um den seit 70 Jahren schwelenden deutsch-französischen Konflikt endgültig beizulegen, schlug Frankreich der Bundesrepublik sowie allen anderen interessierten europäischen Staaten eine neuartige Form der Zusammenarbeit vor: Am 9. Mai 1950 präsentierte Außenminister Robert Schuman das Projekt, die Eisen- und Stahlindustrie ihrer Länder einer gemeinsamen Autorität zu unterstellen. Die Mitgliedsstaaten der neuen Organisation sollten in einem begrenzten, aber entscheidenden Sektor ihre Souveränität an eine supranationale Instanz abgeben. Auf diese Weise solle eine «De-facto-Solidarität» entstehen und der Ausbruch eines künftigen Krieges materiell unmöglich werden. Der «Schuman-Plan» stieß auf Zustimmung in der Bundesrepublik; auch Italien, Belgien, die Niederlande und Luxemburg traten der Gemeinschaft für Kohle und Stahl bei und legten so den Grundstein zur europäischen Integration.

In einem anderen Bereich war der Neubeginn jedoch mit vielen Enttäuschungen und Verwerfungen verbunden. Die Exponenten des Widerstands hatten gehofft, dass man den für die Vorkriegszeit so charakteristischen Parteienzwist hinter sich lassen und eine neue Einmütigkeit die Vierte Republik kennzeichnen würde. Charles de Gaulle seinerseits hatte die Einführung eines Präsidialsystems gefordert, damit Frankreich künftigen Krisen mit einer starken Exekutive begegnen würde. Doch gelang es den Vertretern der Résistance nicht, die politische Neuordnung in ihrem Sinne zu gestalten. Im Januar 1946 trat de Gaulle von seinem Amt als provisorischer Regierungschef zurück, enttäuscht darüber, dass die Parteien wieder die Oberhand im politischen Leben gewannen. Diese errichteten mit der im Oktober 1946 verabschiedeten Verfassung der Vierten Republik erneut ein parlamentarisches System, das stark an die Vorkriegszeit erinnerte.

Auch war dieses ab 1947 von schweren inneren Gegensätzen gekennzeichnet, denn die Kommunisten trugen auf Geheiß Moskaus den Kalten Krieg in die französische Innenpolitik und begaben sich in eine Fundamentalopposition gegen das gegenwärtige System. Das Gleiche tat Charles de Gaulle, indem er seine eigene, auf die Bekämpfung des Parlamentarismus eingeschworene Partei gründete. Da beide Parteien zusammen mehr als 40 Prozent der Wählerstimmen mobilisieren konnten, wurde es immer schwieriger, eine kohärente politische Linie zu verfolgen. Dies wurde etwa sichtbar anhand des Projekts einer Europäischen Verteidigungsgemeinschaft, das 1952 von der französischen Regierung unterbreitet und vertraglich zwischen den sechs Gründerstaaten vereinbart wurde. Doch scheiterte es 1954 in der französischen Nationalversammlung nicht zuletzt an der Opposition aus Kommunisten und Gaullisten.

Die Auflösung des französischen Empire

Die indigene Bevölkerung der französischen Kolonien hielt nun die Zeit für gekommen, dass die Kolonialmacht ihnen endlich politische Selbstbestimmung gewährte. Dass sich dies nicht so einfach gestalten würde, wurde bereits am Tag des Kriegsendes sichtbar: Nach einer Demonstration zum 8. Mai 1945 im algerischen Sétif kam es zu Unruhen, die von den Sicherheitskräften mit brutalen Repressalien, die Tausende von Todesopfern kosteten, beantwortet wurden. Von da an kam das Empire nicht mehr zur Ruhe, brach doch nur wenige Monate später in Madagaskar ein Aufstand gegen die Kolonialherrschaft aus, der erneut brutal unterdrückt wurde. Auch in der Elfenbeinküste kam es zu blutigen Konflikten, nachdem eine neue politische Bewegung, das «Rassemblement démocratique africain», die politische Emanzipation der afrikanischen Kolonien gefordert hatte.

Unterdessen hatte Frankreich bereits 1945 in Indochina einen bewaffneten Konflikt begonnen, um die während des Zweiten Weltkriegs unter japanische Kontrolle geratene Kolonie wieder zurückzugewinnen. Nach der japanischen Kapitulation hatte sich der Norden Vietnams unter den von Ho Chi Minh angeführten, kommunistisch-nationalistischen «Viet Minh» für unabhängig erklärt. Hin- und hergerissen zwischen Strategien der Verhandlung und der gewaltsamen Niederringung der Nationalbewegung, entschied sich die Kolonialmacht für Krieg, der über Jahre hinweg unentschieden verlief. Ab 1949 dann stand Frankreichs Indochinakrieg immer mehr unter den Vorzeichen des globalen Blockkonflikts, nachdem Mao Zedong den chinesischen Bürgerkrieg gewonnen und dort eine kommunistische Volksrepublik errichtet hatte. Nun erhielten die Viet Minh militärische Unterstützung von China; und ihre Niederringung galt als Beitrag zur Eindämmung des Kommunismus. So kam es, dass die USA, die eigentlich dem Imperialismus der europäischen Mächte kritisch gegenüberstanden, Frankreich massive finanzielle Unterstützung gewährten. Erst nachdem die französischen Truppen in Dien Bien Phu eine schwere Niederlage erlitten hatten, ging der Krieg mit den Genfer Vereinbarungen 1954 zu Ende, die einen Schlussstrich unter mehr als 70 Jahre französische Kolonialherrschaft zogen. Zwei Jahre später entließ Frankreich – nach langjährigen, teils blutigen Konflikten – seine afrikanischen Protektorate Tunesien und Marokko in die Unabhängigkeit.

Kaum war der Indochinakrieg beendet, brach am 1. November 1954 in Algerien ein Aufstand aus, der von der «Front de libération nationale» (FLN) ausging. Deren Aktivisten waren davon überzeugt, dass alle Versuche, mit friedlichen Mitteln Verbesserungen für die algerische Bevölkerung zu erzielen, gescheitert seien. Da sie Frankreich von den militärischen Mitteln her unterlegen waren, wählten sie Taktiken des Guerillakriegs und des Terrors, um ein Klima der permanenten Unsicherheit zu erzeugen. Die französische Regierung beantwortete den Befreiungskampf der Algerier mit der These: «L'Algérie, c'est la France!» Man betrachtete Algerien mit seiner einen Million europäischer Siedler als Teil des Mutterlands und wollte nicht akzeptieren, dass die knapp neun Millionen algerischen Muslime für sich die nationale Selbstbestimmung einforderten. Kaum hatte der Aufstand begonnen, schlugen Politiker nun die «Integration», die Erteilung voller französischer Staatsbürgerschaftsrechte, an die muslimischen Algerier vor; eine Maßnahme, vor der man zuvor stets zurückgeschreckt war, die aber jetzt an den Forderungen der Aufständischen nach einem algerischen Nationalstaat vorbeiging.

Zu einem Schlüsselakteur des Geschehens wurde die französische Armee, die eine Niederlage wie in Indochina unbedingt vermeiden wollte und alle nur denkbaren Mittel einsetzte, um den Aufstand niederzuschlagen. Auf Attentate des FLN ließ man stets eine unverhältnismäßige Vergeltung folgen, die wiederum dazu führte, dass die Aufständischen immer erbarmungsloser in ihrer Guerilla- und Terrortaktik vorgingen. Das Militär sah sich in einem «antirevolutionären» Krieg und erhob die Folter zu einem legitimen Mittel, um von verhafteten FLN-Kämpfern Informationen und Geständnisse zu erpressen. Tausende von

Menschen überlebten die Folter nicht, wurden standrechtlich erschossen oder aus Flugzeugen über dem Meer abgeworfen. Damit die Armee ungehindert die Aufständischen verfolgen konnte, wurden zahllose Bewohner aus ihren Dörfern in Lager verlegt. Das brutale Vorgehen der Armee erregte nicht nur in der internationalen Öffentlichkeit Anstoß, sondern führte auch zu einer breiten Kontroverse innerhalb Frankreichs, die an die Zerwürfnisse der Dreyfus-Affäre erinnerte.

Auch die als «Pieds-noirs» bezeichneten Algerienfranzosen wollten gegenüber dem Aufstand der muslimischen Bevölkerungsmehrheit keinerlei Zugeständnisse machen. Sie lehnten alle Reformmaßnahmen rigoros ab, die ihren Status als politisch-soziale Führungsschicht der Kolonie infrage gestellt hätten. Da sie zudem über gute Verbindungen ins Mutterland verfügten, gelang es ihnen immer wieder, die politischen Entscheidungsprozesse in Paris zu beeinflussen.

Unter der politischen Führung setzte sich mehr und mehr die Auffassung durch, dass der FLN von außen gesteuert sei und man ihm nur seinen internationalen Rückhalt entziehen müsse, um dem Aufstand den Wind aus den Segeln zu nehmen. Als Drahtzieher der algerischen Rebellion identifizierte man den ägyptischen Präsidenten Nasser, der als Anführer einer selbstbewussten, antiimperialistischen «Dritten Welt» auftrat und dem FLN finanzielle und logistische Unterstützung gewährte. Als Nasser 1956 den im Besitz eines franko-britischen Konsortiums befindlichen Sueskanal nationalisierte, sah man den Moment für ein militärisches Eingreifen gegen Ägypten gekommen. Israelische Truppen drangen über die Sinai-Halbinsel vor, während franko-britische Truppen den Sueskanal in Besitz nahmen. Langfristig sollte Nasser abgesetzt und ein Regimewechsel herbeigeführt werden. Doch scheiterte die sogenannte «Opération Mousquétaire» am Einspruch der Großmächte USA und Sowjetunion, die in seltener Einigkeit das Handeln der europäischen Kolonialmächte verurteilten und sie zum Rückzug aufforderten. Frankreich und Großbritannien wurde schmerzhaft bewusst, dass sie unter den Vorzeichen des Blockkonflikts keine erstrangigen Mächte mehr waren, sondern von den USA abhingen.

Die Sueskrise trug zur Entfremdung des Militärs von der politischen Führung bei, der es zur Last legte, keine klare Linie im Algerienkonflikt zu verfolgen. Als im Mai 1958 mit Pierre Pflimlin ein Befürworter einer Verhandlungslösung mit der Regierungsbildung beauftragt wurde, gingen hohe Militärs in Algier auf die Barrikaden. Zusammen mit erregten «Pieds-noirs» stürmten sie den Regierungspalast und verkündeten dort die Machtübernahme eines «Comité du Salut Public». In der Menge ertönten Rufe nach Charles de Gaulle, er möge an die Macht zurückkehren – eine Forderung, der sich General Salan, der ranghöchste Militär in Algerien, anschloss. Anstatt den Ungehorsam der Soldaten zu verurteilen, erklärte sich de Gaulle dazu bereit, die «Vollmachten der Republik» zu übernehmen. Er benutzte somit die Rebellion des algerischen Militärs, um seine eigene Rückkehr an die Macht einzuleiten. Staatspräsident René Coty ließ ihm freie Hand und ernannte ihn mit der Vollmacht, eine neue Verfassung ausarbeiten zu lassen, zum Regierungschef.

Damit war der Weg zu einem Regimewechsel eingeleitet, denn die Abneigung de Gaulles gegenüber dem parlamentarischen System war allseits bekannt. Die neue, im September 1958 per Referendum angenommene Verfassung stellte den Staatspräsidenten in den Mittelpunkt des politischen Geschehens, als Chef der Exekutive, Oberbefehlshaber der Streitkräfte, ausgestattet mit der Vollmacht, das Parlament aufzulösen, Referenden einzuberufen und den Notstand zu erklären. Von nun an war Charles de Gaulle als erster Staatspräsident der «Fünften Republik» die Schlüsselfigur im algerischen Drama. Die rebellischen Militärs und «pieds-noirs» hatten ihn aufs Schild gehoben, doch mussten sie bald feststellen, dass sie sich in dem General getäuscht hatten: Dieser war der Auffassung, dass der Kolonialismus unzeitgemäß und angesichts seiner breiten internationalen Ablehnung der Machtentfaltung Frankreichs abträglich war. So war es nur konsequent, dass er am 16. September 1959 die Selbstbestimmung Algeriens verkündete: Dessen Bewohner sollten per Referendum entscheiden, ob sie im französischen Staatsverband verbleiben oder aber künftig eigene politische Wege gehen wollten. Als dieses am 8. Januar 1961 schließlich stattfand, votierte eine überwältigende Mehrheit für die Selbstbestimmung.

Mit dieser Entscheidung hatte sich de Gaulle allerdings von den beiden Gruppen entfremdet, denen er seine Machtübernahme zu verdanken hatte: den «pieds-noirs» und dem Militär. Ein Teil des Militärs ging sogar so weit, im April 1961 gegen de Gaulle zu putschen; ein versuchter Staatsstreich, der allerdings an mangelnder Resonanz in der Bevölkerung und einem markanten Fernsehauftritt des Staatspräsidenten scheiterte. Radikale Algerienfranzosen und de Gaulle feindlich gesinnte Militärs gründeten daraufhin die «Organisation armée secrète» (OAS), die mit Terroranschlägen und Attentaten auf prominente Politiker eine Verhandlungslösung des algerischen Konflikts zu torpedieren suchte. Die im März 1962 geschlossenen Evian-Verträge bahnten den Weg zur Unabhängigkeit Algeriens, der die französische Bevölkerung am 8. April mit überwältigender Mehrheit von 90 Prozent zustimmte. In einer Atmosphäre allgemeiner Gewalt zwischen Kämpfern der OAS, des FLN und der Armee flohen die ca. 1 Million «pieds-noirs» im Sommer 1962 nach Frankreich, da sie in einem algerischen Nationalstaat keine Zukunft mehr für sich sahen. So fanden nicht nur 132 Jahre französischer Präsenz in Nordafrika, sondern auch die gesamte moderne Kolonialgeschichte des Landes ein jähes Ende.

IX. Entwicklungstendenzen Frankreichs nach dem Ende des Kolonialreichs

Die Unabhängigkeit Algeriens bedeutete eine Zäsur. Denn zum ersten Mal seit 1940 befand sich das Land im Friedenszustand, hatte sich doch der Indochinakrieg nahtlos dem Zweiten Weltkrieg angeschlossen, auf den unmittelbar der Algerienkrieg gefolgt war. Außerdem war Frankreich nun (mit Ausnahme der verbliebenen Überseeinseln und Guyana) nur noch ein europäischer Nationalstaat, der sich vom Ideal der Expansion verabschiedet hatte. Auch für das politische System markierte 1962 eine Zäsur, denn in diesem Jahr wurde eine fundamentale Reform durchgesetzt: Nach einem gescheiterten OAS-Attentat auf de Gaulle wurde auf dessen Vorschlag die direkte Volkswahl des Staatspräsidenten eingeführt, wodurch dessen Stellung im Institutionengefüge massiv gestärkt wurde.

Der 1965 mit großer Mehrheit im Amt bestätigte de Gaulle verkörperte wie kein anderer das Ideal der «Fünften Republik» als Wahlmonarchie, die den Staatschef mit souveräner Machtfülle ausstattete. Insbesondere die Außen- und Sicherheitspolitik betrachtete er als seinen exklusiven Zuständigkeitsbereich, in dem allein er die Richtlinien bestimmte. Der autoritäre Regierungsstil de Gaulles war allerdings ein Auslöser dafür, dass sich im Mai 1968 ein so weitgreifender gesellschaftlicher Protest regte. Dieser ging von Studenten der Pariser Universitäten aus, griff auf weite Teile des Landes über und wurde von den Gewerkschaften aufgenommen, die mit einem Generalstreik das öffentliche Leben lahmlegten. Nachdem der Staat den Gewerkschaften mit drastischen Lohnerhöhungen entgegengekommen war, die Anhänger de Gaulles sich mobilisierten und der Staatschef Neuwahlen des Parlaments ankündigte, flaute der Protest ab. Doch ging der Präsident geschwächt aus dieser Kraftprobe hervor und wollte sich 1969 mit einem Referendum über eine Verfassungsänderung noch einmal der direkten Zustimmung der Franzosen versichern. Dieser Versuch scheiterte; am 27. April 1969 stimmte eine Mehrheit von 52,4 Prozent gegen die Vorschläge de Gaulles, der umgehend zurücktrat.

Seine Nachfolger im Amt des Staatschefs, Georges Pompidou (1969–1974) und Valéry Giscard d'Estaing (1974–1981), verfügten nicht über sein historisches Prestige als Chef der Résistance und Befreier Frankreichs. Zwar vertraten sie ein liberaleres Gesellschaftsbild und setzten eine Reihe von Reformen (wie etwa die Legalisierung des Schwangerschaftsabbruchs) um, doch vertraten sie kaum eine andere Auffassung von den Vollmachten des französischen Staatspräsidenten. Dies kam erst unter François Mitterrand (1981–1995) auf, der die Machtteilung zwischen zwei politischen Lagern an der Staatsspitze gestattete: Als dessen Sozialistische Partei zweimal nach regulären Neuwahlen die Parlamentsmehrheit verlor, berief Mitterrand einen Premierminister aus dem oppositionellen Lager. Auch der Gaullist Jacques Chirac (1995–2007) kam in diese Lage, als er 1997 nach Parlamentsauflösung die Mehrheit verlor und fünf Jahre lang dem Sozialisten Lionel Jospin weitgehend die Gestaltung der Innenpolitik überließ. Ab 2007 wurde die Amtszeit des Staatspräsidenten von sieben auf fünf Jahre reduziert, womit Präsident und Parlament die gleiche Mandatslänge haben. Seitdem ist die Situation einer «cohabitation», in der die Spitzen der Exekutive mit Vertretern unterschiedlicher politischer Lager besetzt sind, nicht mehr aufgetreten. Vielmehr haben Präsidenten wie Nicolas Sarkozy (2007–2012) und Emmanuel Macron (seit 2017) die Machtbefugnisse des Präsidenten so großzügig interpretiert, wie es de Gaulle getan hatte.

Die politische Kultur der «Fünften Republik» war lange Zeit von einer klaren Trennung in Rechts und Links bestimmt. De Gaulle war es gelungen, die bürgerlichen und konservativen Milieus weitgehend hinter sich zu bringen und die Linke in die Opposition zu verdrängen. Hervorgegangen aus der parlamentarischen Kultur des französischen Republikanismus, tat sich die Linke zunächst schwer mit dem neuen, stark auf die Person des Staatspräsidenten zugeschnittenen politischen System. Dies änderte sich erst unter dem Einfluss von François Mitterrand, der 1971 die Führung der Sozialistischen Partei übernahm und sie auf den Kurs einer Zusammenarbeit mit den Kommunisten, damals noch die führende Kraft der Linken, brachte. Nachdem er bei der Präsidentschaftswahl 1974 als Kandidat der «Union de la gauche» knapp an Valéry Giscard d'Estaing gescheitert war, gewann er 1981 und brachte erstmals unter der «Fünften Republik» die Linke an die Macht. Er trat sein Mandat mit dem Anspruch an, die Wirtschaftsordnung Frankreichs grundlegend zu verändern: So ließ er umgehend neun große Industriekonzerne sowie 39 Banken verstaatlichen, setzte das Ruhestandsalter herab, erhöhte die Renten und Sozialleistungen. Angesichts hoher Inflation und steigender Staatsverschuldung sah sich der Präsident jedoch schon 1983 gezwungen, auf eine Politik umzusatteln, die der Haushaltssanierung und Währungsstabilität den Vorrang einräumte. So entstand der Eindruck, dass sich Linke und Rechte in ihren Antworten auf die großen politischen Herausforderungen kaum noch unterschieden.

Seit Beginn des 21. Jahrhunderts haben sich die politischen Konfliktlinien in Frankreich immer mehr verschoben. Ein erster Indikator dafür war die Präsidentschaftswahl des Jahres 2002, als kein Kandidat der Linken genug Stimmen auf sich vereinigen konnte, um in die Stichwahl zu kommen. Hingegen hatte sich mit Jean-Marie Le Pen der Gründer des extrem nationalistischen und xenophoben «Front national» qualifizieren können. Zwar gewann Jacques Chirac mit Unterstützung aller gemäßigten Parteien den zweiten Wahlgang mit 82,2 Prozent, doch war von nun an der «Front national» aus dem politischen Leben des Landes nicht mehr wegzudenken. 2007 gewann Nicolas Sarkozy die Präsidentschaftswahl als Kandidat der bürgerlichen Rechten mit einem Programm, das explizit die Leitthemen des «Front national» – Begrenzung der Einwanderung, Stärkung der nationalen Identität, Bekämpfung der Kriminalität – aufnahm. Der Sozialist François Hollande, Präsident von 2012 bis 2017, vermochte es nicht, einer von starken inneren Dissonanzen geprägten Linken wieder einen neuen Elan zu verleihen, und verzichtete darauf, für ein zweites Mandat zu kandidieren. Zwischen einer zersplitterten Linken und einer in persönlichen Streitigkeiten verstrickten bürgerlichen Rechten gelang 2017 Emmanuel Macron der Durchbruch mit einer neuen Bewegung, die ausdrücklich den Rechts-Links-Gegensatz zurückwies und eine an pragmatischen Lösungen orientierte Reformpolitik vorschlug. Sein Gegenüber in der Stichwahl war 2017 ebenso wie fünf Jahre später Marine Le Pen, die den «Front national» von ihrem Vater übernommen hatte und vorgab, ihn von seinem fremdenfeindlichen und rassistischen Erbe befreit zu haben. Von der höchst zerklüfteten Parteienlandschaft Frankreichs zeugten die Parlamentswahlen 2022, bei der keine einzelne Gruppierung mehr als 20 Prozent der Stimmen auf sich vereinigen konnte.

Das zerspaltene Parteiensystem ist das Spiegelbild einer sich stark wandelnden Gesellschaft, in der die Zugehörigkeit zu den hergebrachten sozialen Klassen oder soziokulturellen Milieus immer mehr abgenommen hat. So ist der Anteil der Arbeiter unter der französischen Bevölkerung von über 30 Prozent im Jahre 1982 auf 19 Prozent im Jahre 2019 zurückgegangen. Gab es 1981 mehr als sieben Prozent Landwirte unter den Franzosen, so sind es heute etwas mehr als ein Prozent. Bezeichneten sich 1981 70 Prozent der Bürger als praktizierende Katholiken, so waren es 2018 nur noch 32 Prozent. Eine breite, in sich stark ausdifferenzierte Mittelschicht prägt nun die Gesellschaft, die keiner festen politischen Strömung die Treue hält. Stark beeinflusst wurden die politischen Einstellungen zudem von einer anhaltenden, seit den 80er Jahren bei zwischen acht und mehr als zehn Prozent liegenden Arbeitslosigkeit, die insbesondere jüngere Menschen trifft (2021 waren 15,9 Prozent der 15- bis 24-Jährigen arbeitslos).

Vor dem Hintergrund anhaltender Arbeitslosigkeit wurde auch die Frage der Immigration immer kontroverser diskutiert. Solange Frankreich sich in einer Phase des ökonomischen Aufschwungs befand, galt Einwanderung als notwendig, um Arbeitskräfte für die Unternehmen bereitzustellen. Seitdem sich in den 80er Jahren ein permanenter Sockel von Erwerbslosen eingestellt hat, wurde immer wieder die Auffassung vertreten, die Probleme des Arbeitsmarkts ließen sich umgehend lösen, wenn die Einwanderung gestoppt würde und in Frankreich lebende Ausländer in ihre Heimatländer zurückkehrten. Zudem erschwerte der angespannte Arbeitsmarkt die soziokulturelle Integration der Einwanderer, bildete doch eine Arbeitsstelle stets eine zentrale Instanz der Eingliederung in die französische Gesellschaft.

Was die internationale Rolle Frankreichs anbelangt, so haben sich die politischen Leitlinien seit den Zeiten de Gaulles ebenso stark verändert. Dieser wollte Frankreich den Rang einer Großmacht zurückgeben und es ihm ermöglichen, im Blockkonflikt des Kalten Kriegs eine eigenständige Rolle zwischen den Vereinigten Staaten und der Sowjetunion zu spielen. Aus diesem

Grund trieb er nicht nur die nukleare Bewaffnung Frankreichs voran, sondern zog die französischen Streitkräfte aus der gemeinsamen NATO-Kommandostruktur zurück. Die Bundesrepublik Deutschland suchte er als einen Juniorpartner zu gewinnen für sein Ansinnen, ein eigenständiges, von Frankreich angeführtes Europa aufzubauen. Dies war der Hintergrund für den Vertrag über die deutsch-französische Freundschaft (Elysée-Vertrag), der am 22. Januar 1963 unterzeichnet wurde. Als Verfechter der uneingeschränkten nationalen Souveränität nahm de Gaulle allerdings eine wenig konstruktive Haltung gegenüber der supranationalen europäischen Integration ein. So blockierte er immer wieder ihre Fortschritte, wenn er etwa 1965 aus Protest gegen die Einführung von Mehrheitsbeschlüssen für eine «Politik des leeren Stuhls» optierte und Frankreichs Vertretung aus dem Ministerrat zeitweilig zurückzog.

Valéry Giscard d'Estaing war der erste Präsident der «Fünften Republik», der sich vorbehaltlos zur europäischen Integration bekannte und gemeinsam mit Bundeskanzler Helmut Schmidt den Ausbau der Europäischen Gemeinschaft förderte. So initiierte er gemeinsam mit Schmidt die Schaffung des Europäischen Rats, bahnte den Weg zur ersten Direktwahl des Europäischen Parlaments und legte mit dem Europäischen Währungssystem (EWS) den Grundstein zur Schaffung einer gemeinsamen Geldpolitik. Sein Nachfolger François Mitterrand vertiefte die Europäisierung des französischen Nationalstaats, indem er gemeinsam mit Helmut Kohl das Projekt des europäischen Binnenmarkts vorantrieb. Als am 9. November 1989 die Berliner Mauer fiel und sich die Perspektive einer deutschen Vereinigung bot, unterstützte er diesen Prozess – mit der Vorgabe, dass die europäische Einigung im gleichen Tempo wie die deutsche Einigung fortschreiten müsse. Unter diesen Vorzeichen kam es zum Vertrag von Maastricht, der den Weg zur Währungsunion bahnte und die Europäische Union mit neuen Zuständigkeiten in der Außen- und Sicherheitspolitik schuf. Mit einer denkbar knappen Mehrheit von 51,04 Prozent ratifizierte das französische Wahlvolk in einem Referendum vom September 1992 den Vertrag.

Das knappe Stimmenergebnis kündigte eine Tendenz an, die im 21. Jahrhundert zum Durchbruch kommen sollte: die Skepsis eines signifikanten Teils der Bevölkerung gegenüber der europäischen Integration, die als eine Erscheinungsform der Globalisierung, der Deregulierung und der Aushöhlung des französischen Gesellschaftsmodells kritisiert wurde. Politiker verschiedenster Lager scheuten zudem nicht davor zurück, die Schuld auf Europa abzuwälzen, wenn es um Probleme wie den schwächelnden Arbeitsmarkt, Verlegung von Produktionsstandorten und hohe Einwanderungszahlen ging. Als Frankreichs Bürger am 29. Mai 2005 über den Europäischen Verfassungsvertrag abstimmten, kam keine Mehrheit für den Ausbau der europäischen Integration mehr zustande: 54,68 Prozent sprachen sich für ein «Nein» aus. Es dauerte mehrere Jahre, bis sich Frankreich von diesem Schock erholte. Zwar brachte Staatspräsident Nicolas Sarkozy zusammen mit Bundeskanzlerin Angela Merkel den Lissabon-Vertrag auf den Weg, der die wesentlichen institutionellen Reformen des Verfassungsvertrags enthielt. Doch verharrten Frankreichs Regierungen ansonsten in einer passiven Position, was eigene Vorschläge zur Weiterentwicklung der Europäischen Union anbelangte. Dies änderte sich erst 2017 mit der Präsidentschaft von Emmanuel Macron, der Frankreich wieder die Rolle eines Impulsgebers in der Europäischen Union zu geben versucht. In einer programmatischen Rede in der Pariser Sorbonne-Universität forderte er im Herbst 2017 die «Neugründung eines souveränen Europa» mit vertieften Kompetenzen im Bereich des Haushalts, der Sicherheit und Verteidigung sowie der Migration. Nur so könnten nationalistische Reflexe in den Mitgliedsstaaten bekämpft und den Herausforderungen der Gegenwart gemeinsam begegnet werden. Doch bewies die Präsidentschaftswahl 2022 das Ausmaß der französischen Europaskepsis, als mehr als 50 Prozent der Stimmen des ersten Wahlgangs für nationalistische Kandidaten der extremen Rechten oder Linken abgegeben wurden. «Frankreich ist unser Vaterland, Europa ist unsere Zukunft», hatte François Mitterrand einst gesagt. Es bleibt zu hoffen, dass diese Maxime nicht in Vergessenheit gerät.

Personenregister